JN110604

プラクティス/保育・福祉のはじまり

子ども家庭支援論

立花直樹・丸目満弓・田邉哲雄
馬場幸子・渡辺俊太郎・灰谷和代 [編著]

ミネルヴァ書房

PRACTICE/THE BEGINNING OF CHILDCARE AND WELFARE

はじめに

　2023（令和5）年1月の内閣総理大臣の年頭所感において，「全世代型社会保障改革における少子化対策，こども政策の遂行」が表明され，その後「異次元の子育て政策の推進」が何度も強調され，社会に流布されました。

　さらには，2023（令和5）年4月から「こども家庭庁」が新たな省庁として設置され，「こどもまんなかアクション」をスローガンに，年齢，性別を問わず地域社会，企業など様々な場で，こどもや子育て中の方々が気兼ねなく様々な制度やサービスを利用できるよう，全ての人がこどもや子育て中の方々を応援する，社会全体の意識改革を後押しする取り組みを促進しています。これは，「こどもまんなか社会」を実現するために，これまでの省庁の壁を乗り越え，児童・家庭福祉分野や子育て分野に関する横断的かつ有機的な未来志向の取り組みをしていくことを意味しています。

　しかしながら，毎週のように保育者による犯罪や保護者による虐待等，信頼できる存在であるべき大人による犯罪や人権侵害が，新聞やテレビなどのマスコミ，インターネットを騒がせています。このような状況を改善し，真の「こどもまんなか社会」を実現するには，国や自治体だけでなく国民全体の意識やモラルの高揚が社会全体として必要となっています。

　さらには，「こどもまんなか社会」を目指して，要支援や要配慮の子どもやその保護者が切れ目のない支援（ライフステージの変わり目で専門職や施設・事業所等の変更による混乱なく，安心かつ継続して受けられる支援）や隙間のない支援（縦割りによる障壁を乗り越え，多種多様な専門職や施設・事業所等が連携することで，子どもや保護者に対する齟齬や混乱等を防ぐ支援）を実現するには，教育・福祉・保育などの現場で様々なサービスや支援を提供する専門職（保育士や幼稚園教諭・保育教諭，社会福祉士・精神保健福祉士や介護福祉士など）の質の向上も同時に

必要です。

　このような要請に応えるために，アクティブラーニングを体感できる書籍シリーズ「プラクティス／保育・福祉のはじまり」が企画され，本書を第2巻として刊行しました。具体的には「①各章で必要に応じ，Power Point Slide を作成」「②各章の最初に予習課題を，各章の最後に復習課題を提示」「③各章の最終頁には，自らの学びを周囲と共有するための演習シートを掲載」「④よりイメージを高めるために，多様な具体例や実践事例を明記」「⑤本文を補足し可視化するため図表・写真・イラストを挿入」「⑥視覚的な効果を考え，各章の重要語句は太字表記」などの工夫をしながら，初学者からでも理解しやすくかつコンパクトにまとめています。

　尊敬する西尾祐吾先生（元・福井県立大学大学院教授）は常々「誰も気づかず見逃されやすい小さな隙間（niche）で苦しむ人々に眼差しを向ける重要性」を説いておられました。本書を手に取った皆様が，社会から見逃されひっそりと苦しみ悩む子どもや保護者に眼差しを向け日々重ねる実践のなかで，新たな支援やサービスを生み出し，子どもや保護者が安心して育まれる社会の実現に寄与されることを願っています。

　　2024年4月

　　　　　　　　　　　　　　　　編者と執筆者を代表して　　立花直樹

＊本書内の事例等につきましては，架空のものや実際の事例をもとに再構成したものであったり，当事者の了承を得たりしたうえで掲載しています。

目　次

はじめに

第 1 章　子ども家庭支援の意義と必要性……………………………………i
1　こども家庭支援の概要………………………………………………2
2　子ども家庭支援が求められる背景…………………………………4
3　保育所における子ども家庭支援の変遷……………………………7
4　子ども家庭支援の理念と意義，必要性……………………………8

第 2 章　子ども家庭支援の目的と機能………………………………………13
1　子ども家庭支援の目的………………………………………………14
2　子ども家庭支援の機能………………………………………………18
3　保育者に求められるスキル…………………………………………20

第 3 章　保育の専門性を活かした子ども家庭支援とその意義……25
1　保育者の役割と専門性………………………………………………26
2　保育現場における子ども家庭支援の意義…………………………27
3　保育現場における子ども家庭支援の実際…………………………28

第 4 章　子どもの育ちの喜びの共有…………………………………………35
1　「子どもの育ちの喜びの共有」の意義……………………………36
2　保護者自らの子育て力の向上………………………………………38
3　子どもの育ちを共有するための取り組み…………………………41

第 5 章　保護者及び地域の子育て実践力の向上に資する支援……45
　1　子育て支援の目的……………………………………………46
　2　親として育つということ……………………………………47
　3　保護者及び地域の子育て実践力の向上につながる支援………49

第 6 章　保育者に求められる基本的態度………………………55
　1　保護者から選ばれること……………………………………56
　2　保育者がとるべき態度の原則………………………………57
　3　実際の支援で課題となること………………………………59

第 7 章　家庭の状況に応じた支援………………………………65
　1　多様化する家族問題の理解とその支援……………………66
　2　障害のある子どもとその家族………………………………66
　3　ひとり親家庭…………………………………………………69
　4　貧困状態にある家庭…………………………………………71

第 8 章　地域資源の活用と自治体・関係機関等との連携・協働…75
　1　地域資源の活用………………………………………………76
　2　自治体・関係機関等との連携・協働………………………78

第 9 章　子育て家庭の福祉を図るための社会資源……………83
　1　子育て家庭の福祉とは………………………………………84
　2　社会資源とは…………………………………………………84
　3　子どもや保護者を支える社会資源…………………………86
　4　子育て家庭の支援における課題……………………………89

第 10 章　子育て支援施策・次世代育成支援施策の推進………95
　1　子ども・子育て支援制度……………………………………96
　2　次世代育成支援対策推進法…………………………………99

第 11 章　子ども家庭支援の内容と対象 …………………………………… 105
1　こども家庭庁の発足と子ども家庭支援 ……………………………… 106
2　子ども家庭支援の内容 ………………………………………………… 107
3　子ども家庭支援の対象 ………………………………………………… 108
4　子ども家庭支援の実際 ………………………………………………… 109
5　子ども家庭支援に携わる保育者に求められる視点 ………………… 111

第 12 章　保育所等を利用する子どもの家庭への支援 ………………… 117
1　保育所が果たす役割 …………………………………………………… 118
2　保育所の特性を活かした支援の内容と方法 ………………………… 119
3　保育所における家庭支援の実際 ……………………………………… 121
4　求められる保育者の役割と家庭支援 ………………………………… 123

第 13 章　地域の子育て家庭への支援 …………………………………… 127
1　子育て家庭への支援が必要になる背景 ……………………………… 128
2　地域に開かれた子育て支援 …………………………………………… 132
3　地域子育て支援拠点での取り組み …………………………………… 137
4　地域の子育て家庭を支えるための保育所等の役割 ………………… 139

第 14 章　要保護児童等及び家庭に対する支援 ………………………… 143
1　要保護児童等の定義と要保護児童施策 ……………………………… 144
2　児童虐待の基本的理解 ………………………………………………… 146
3　保育現場における虐待対応 …………………………………………… 148

第 15 章　子ども家庭支援に関する現状と課題 ………………………… 155
1　地域への新たな子ども家庭支援 ……………………………………… 156
2　発達課題に応じた子ども家庭支援 …………………………………… 158
3　多文化共生を大切にする子ども家庭支援 …………………………… 160
4　保育ソーシャルワークによる子ども家庭支援 ……………………… 163

5　今後の子ども家庭支援……………………………………………………………166

付録　社会福祉に関わる専門職の倫理綱領
おわりに
さくいん

第 1 章

子ども家庭支援の意義と必要性

予習課題

子どもの健やかな成長・発達のためには「家庭」を支援することが重要です。それはなぜでしょう？　講義を受けるにあたって，自分なりに考えて答えを３つ箇条書きで記述してください。

① ....
....

② ....
....

③ ....
....

1 子ども家庭支援の概要

① 子ども家庭支援とは

「**子ども家庭支援**」は，「子ども」と「親」を包含する「子育て中の家庭」の成員（家族）すべてのウェルビーイング（幸福）に目を向けた，福祉的な観点からの支援です。「子育て支援」とほぼ同義ですが，「子育て支援」が親（保護者）に対する支援という意味合いが強いのに対し，「子ども家庭支援」は子育て中の「家庭」を支援の対象としています。[(1)]

「家庭」は子どもにとって最も身近な社会環境で，社会化の場です。**社会化**とはその社会の規範や行動様式，慣習を身につけることをいい，それは乳幼児期に家庭で始まります。つまり，家庭は子どもにとって人生の出発点で，安全・安心な基地となるべき場所です。それゆえ，「家庭」を支えることは，子どもの育ちを支えるうえでとても重要です。[(2)(3)]

また，「家庭」は家族の生活の営みが行われる場です。ですから，「子ども家庭支援」とは，家庭の成立や営みへの支援，親子の成長や欲求充足への支援，家族関係の調整，家庭と社会との関係性などに関わる包括的な取り組みを支援することといえます。[(4)]

加えて，家庭内で行われる多くの事柄，たとえば，子どもの養育以外にも，収入の維持，家事，近所との付き合い，必要な社会サービスの利用などは保護者によって維持されています。それゆえ，保護者の置かれている全体状況を理

---

(1) 太田光洋（2022）「子ども家庭支援とはなにか」太田光洋編著『子ども家庭支援論——保育を基礎とした子ども家庭支援』同文書院，1〜15頁。

(2) 山縣文治（2016）「家庭支援とは」高辻千恵・山縣文治編著『家庭支援論』ミネルヴァ書房，1〜14頁。

(3) (1)と同じ。

(4) 橋本真紀（2021）「子ども家庭支援が求められる背景」橋本真紀・鶴宏史編著『よくわかる子ども家庭支援論』ミネルヴァ書房，2〜3頁。

解したうえでの家庭支援が必要となります。⁽⁵⁾

2 子ども家庭支援の対象と担い手

　「家庭」を支援するというとき，それは，①子育ち支援：子ども自身が成長・発達することを支えること，②親育ち支援：保護者が保護者（親）として成長し，また，一人の社会人として生活できるように支えること，③親子関係支援：子どもと保護者（親）が安定した親子関係（愛着関係）を形成できるように支えること，④子育て環境支援：社会全体で子どもを育む環境をつくるための支援を行うことを意味します。⁽⁶⁾⁽⁷⁾子どもの成長・発達には，社会化の場として，また子育て環境としての家庭，地域社会，専門資源（保育所，学校など）のいずれもが大切です。⁽⁸⁾それゆえ，子ども家庭支援の対象は子どもとその保護者（親）にとどまらず，他の家族成員や，地域の人々，地域の社会資源なども含まれます。

　子ども家庭支援は，保育所以外の児童福祉施設や，児童相談所，保健センター，小・中学校などでも行われます。そして，子ども家庭支援の担い手は，保育士に限りません。保健師，教師，ソーシャルワーカーなど，子どもやその家族の福祉に関わる専門職，また，児童委員や地域住民など地域の人々も子ども家庭支援の担い手です。⁽⁹⁾

　その中でも保育士は，保育の専門的知識と技術を有し，子ども家庭支援において，主として子どもの育ちと保護者の子育てに焦点をあてた支援を行っています。また保育士は，子どもとその家族が置かれている状況に応じて，他の専門機関と連携し，総合的な支援体制の中で，子育て支援に携わるチームの一員として保育を基盤とした支援を行います。⁽¹⁰⁾そして，地域の関係機関とネット

---

(5)　(2)と同じ，4～5頁。

(6)　(2)と同じ。

(7)　(1)と同じ。

(8)　(2)と同じ。

(9)　佐藤ちひろ・松倉佳子（2020）「子ども家庭支援の必要性と機能」原信夫・松倉佳子・佐藤ちひろ編著『子ども家庭支援論』北樹出版，1～10頁。

ワークを結び，地域の子育て力を向上させる役割を担い，地域で子どもを育てる環境づくりにもあたります。[11]

2　子ども家庭支援が求められる背景

　現代社会における子育て家庭を取り巻く社会環境の変化は，子ども家庭支援の必要性を高める要因となっています。たとえば，家族形態の変化，出生率の低下，地域コミュニティの脆弱化などが，大きな影響を与えているといわれます。

　世帯の家族類型別構成割合（図1-1）を確認すると，三世代が同居している家族は，1980（昭和55）年以降40年間で19.9％から7.7％へと減りました。一方で，ひとり親家庭は5.7％から9％へと増加傾向にあります。このことは，毎日の子育てを祖父母に手伝ってもらったり，配偶者と分担したりできず，夫婦だけ，あるいは一人で育児をしなければならない親が増えていることを意味します。

　また子どものいる世帯の割合が1986（昭和61）年には全体の46.3％であったのが，2022（令和4）年にはわずか18.2％になりました（図1-2）。2007（平成19）年以降は，子どもがいる世帯でも子どもは一人のみが最も多くなってい

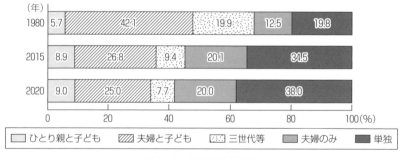

図1-1　家族形態の変化

出所：男女共同参画局（2022）「家族の姿の変化」『令和4年版男女共同参画白書』（https://www.gender.go.jp/about_danjo/whitepaper/r04/zentai/html/zuhyo/zuhyo00-05.html　2023年12月12日閲覧）をもとに筆者作成。

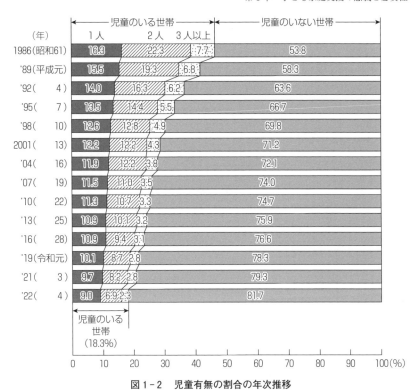

図1-2　児童有無の割合の年次推移

注：1）　1995（平成7）年の数値は，兵庫県を除いたものである。
　　2）　2016（平成28）年の数値は，熊本県を除いたものである。
　　3）　2020（令和2）年は，調査を実施していない。
出所：厚生労働省（2023）「2022（令和4）年国民生活基礎調査の概況」（https://www.mhlw.go.jp/toukei/saikin/hw/k-tyosa/k-tyosa22/dl/02.pdf　2023年12月12日閲覧）。

す。少子化により地域に子育てをしている家族が減り，地域で親同士が交流したり，同年代の子ども同士が一緒に遊んだりする機会も少なくなりました。一昔前には近隣で子どもの声がするのは当たり前でしたが，今日では，子どもの声を「騒音」ととらえ，保育所の建設に反対する動きが全国各地で見られます。

　そのような中，子育てに不安やストレスを感じる保護者は増加し，児童虐待の相談件数も増え続けています。2022（令和4）年度に児童相談所が対応した

(10)　(4)と同じ。

(11)　(9)と同じ。

児童虐待相談件数は21万9000件でした。[13] 児童虐待増加の背景には，孤立し不安を抱えながらの子育てや，非正規雇用による生活の不安定さ，貧困問題なども あります。

　虐待に至らずとも，子育てで大変な思いをしている保護者は多く存在します。たとえば，乳幼児の子を持つ保護者が集う場である子育て支援拠点が行った調査によれば，拠点を利用する前の子育て状況として「子育てをしている親と知り合いたかった」「子育てをつらいと感じることがあった」「子育ての悩みや不安を話せる人がほしかった」など，「孤立した育児」の実態が見られました。[14]

　また，2022（令和4）年の調査では，子育て世代である25～34歳の男性の14.3％，女性の31.4％が非正規雇用されており，そのうち男性の24％，女性の11.5％は不本意非正規雇用（正規で働きたいのにやむなく非正規雇用されている状態）であることがわかっています。[15] 多くの場合非正規雇用は正規雇用に比べて賃金が低く，また，十分な社会保障が得られないなど生活を不安定なものにしがちです。

　加えて，ひとり親家庭，特に母子家庭の経済状態は悪く，2022（令和4）年時点で母子家庭の44.5％は貧困状態にあります。[16]

　さらには，育児と介護を同時に行わなければならないダブルケア問題が，婚姻・出産後も働き続ける女性にとって大きな負担となっています。

---

(12)　橋本典久（2022）「保育園は迷惑施設なのでしょうか，保育園問題を通して改めて騒音トラブルを考えます」（https://news.yahoo.co.jp/expert/articles/b378354412e80bdc5fe48668133b380a95a77ee8　2023年12月12日閲覧）。

(13)　子ども家庭庁（2023）「令和4年度　児童相談所における児童虐待相談対応件数（速報値）」（https://www.cfa.go.jp/assets/contents/node/basic_page/field_ref_resources/a176de99-390e-4065-a7fb-fe569ab2450c/12d7a89f/20230401_policies_jidougyakutai_19.pdf　2023年12月12日閲覧）。

(14)　NPO法人子育てひろば全国連絡協議会（2017）「地域子育て支援拠点における『つながり』に関する調査研究事業報告書」。

(15)　総務省（2023）「労働力調査結果　統計表第3表：年齢階級，現職の雇用形態についた主な理由別非正規の職員・従業員数」。

(16)　厚生労働省（2023）「2022（令和4）年国民生活基礎調査の概況」（https://www.mhlw.go.jp/toukei/saikin/hw/k-tyosa/k-tyosa22/dl/02.pdf　2023年12月12日閲覧）。

3　保育所における子ども家庭支援の変遷

　前節で述べたように，日本社会において地域の養育力が下がり，子ども家庭支援の必要性が増しています。それに呼応して，保育所の家庭への関わり方も時代とともに変わってきました。そのことは，**保育所保育指針**での記述に表れています。

　1965（昭和40）年に保育所保育指針が制定された際には，家庭と保育所は「相互の理解を深め合い」ながら，それぞれの役割を果しつつ，子どもの育ちのために連携することが必要だとされていました。しかし1990（平成2）年の改訂では，「家庭養育の補完を行うこと」「保護者が子どもの状態を理解できるようにすること」「保護者を指導すること」など，保育所が家庭に対して指導的な立場をとることを示しました。1999（平成11）年の改訂版（2000年施行）でも，1990（平成2）年と同様，保育所は「家庭養育の補完を行う」とされるとともに，「虐待などへの対応」や「障害のある子どもの保育」「特別な配慮を必要とする子どもと保護者への対応」など，保育所が行う子ども家庭支援についてより具体的に示されるようになりました。また，「地域における子育て支援」についても新たに項目が立てられ，保育所に入所していない子育て家庭への支援も保育所の役割であると示されました。

　その後2001（平成13）年に**児童福祉法**が改定され，「保護者に対する保育に関する指導」が保育士の業務であると規定されると，2008（平成20）年の改訂版指針では，第1章（総則）で，保育所は保育所入所児童の保護者への支援と地域の子育て支援の両方を行うこと，また，保育士は，「子どもを保育するとともに子どもの保護者に対する保育に関する指導を行う」ことが示されました。また，「保護者に対する支援」に関する章も新設されました。

　2018（平成30）年に施行された現行の保育所保育指針では，前回設けた「保護者に対する支援」の項目を「子育て支援」に差し替え，「保育所の特性を生かした子育て支援を行う」ことが示されています。[17][18]

4　子ども家庭支援の理念と意義，必要性

① 基本理念

　子ども家庭支援の基本理念には，その根本に**児童の権利に関する条約**（子ども権利条約）と児童福祉法があります。

　子どもの権利条約は1989年に採択され，日本は1994（平成6）年にそれに批准（同意し，賛成を宣言）しました。条約には，子どもは「家庭環境の下で幸福，愛情及び理解のある雰囲気の中で成長すべき」である，また「家族が（中略）児童の成長及び福祉のための自然な環境として，社会においてその責任を十分に引き受けることができるよう必要な保護及び援助を与えられるべき」であると書かれています。児童福祉法にも，児童育成の第一義的責任は児童の保護者にあり，国や地方公共団体は，保護者とともに児童育成の責任を負っていると書かれています。それは，子どもの権利が守られ，子どもが健やかに成長・発達できるためには，保護者への支援が必要で，子どもと保護者両方のウェルビーイング（幸福）が実現するように子どもとその家庭を支援することが大切だからです。

　これらが子ども家庭支援の基本理念であり，子どもの最善の利益を実現するために，保育士等，子ども家庭支援を担う人々が大切にしなければならない考え方です。

② 子ども家庭支援の意義と必要性

　表1-1は，第1節でも触れた子ども家庭支援の取り組みとその意義をあらためて表にしたものです。そして，それら取り組みの意義は，全体として，子

---

　(17)　橋本真紀（2021）「保育所における子ども家庭支援の変遷」橋本真紀・鶴宏史編著『よくわかる子ども家庭支援論』ミネルヴァ書房，4〜5頁。

　(18)　(9)と同じ。

表1-1　子ども家庭支援の取り組みとその意義

取り組み	意　義
①　子育ち支援	子ども自身の育ちを社会的に支援すること
②　親育ち支援	子どもの養育を核にして保護者の生活全体を支援すること
③　親子関係支援	保護者の子どもを養育する力を向上させること
④　子育て環境支援	地域の福祉的機能を向上させること

出所：山縣文治（2016）「家庭支援とは」高辻千恵・山縣文治編著『家庭支援論』ミネルヴァ書房，1～14頁をもとに筆者作成。

どもの権利条約や児童福祉法の精神を具現化することといえます。

　都市化，核家族化が進み，地域における人々のつながりが希薄化している現代日本において，地域のつながりを再構築し，地域共生社会の実現を目指すことは，子どもの育ちを支えるうえできわめて重要です。地域共生社会とは，「制度・分野ごとの『縦割り』や『支え手』『受け手』という関係を超えて，地域住民や地域の多様な主体が参画し，人と人，人と資源が世代や分野を超えつながることで，住民一人ひとりの暮らしと生きがい，地域をともに創っていく社会」[19]です。保育所等も，地域を構成する一つの資源として，地域の人々や他の専門職と機能を補完し合いながら子育て家庭を支えます[20]。地域で子育て家庭に対する支援が行われることによって，子どもやその保護者が，地域で孤立することなく，地域の人々とともに，地域の人々と支え合いながら，主体的に生活することができるようになります。また，子どもやその保護者が，地域づくりそのものにも参画・貢献することができるようになると考えられます[21]。

---

[19]　厚生労働省（2017）「地域共生社会の実現に向けて（当面の改革工程）【概要】」（https://www.mhlw.go.jp/file/04-Houdouhappyou-12601000-Seisakutoukatsukan-Sanjikanshitsu_Shakaihoshoutan-tou/0000150632.pdf　2023年12月12日閲覧）。

[20]　橋本真紀（2021）「子ども家庭支援の基本理念」橋本真紀・鶴宏史編著『よくわかる子ども家庭支援論』ミネルヴァ書房，6～7頁。

[21]　小宅理沙（2022）「子ども家庭支援の意義と必要性」立花直樹・安田誠人監修『子どもと保護者に寄り添う「子ども家庭支援論」』晃洋書房，11～21頁。

新聞やテレビ，インターネットニュースなどで，「子ども家庭支援」または「子育て支援」に関する記事を探して読んでみましょう。そのとき，本章で学んだ事柄がそこに反映されているかを考えてみてください。

ワークシート　次の事例を読んで，設問に答えましょう。

　Aくん（4歳）は落ち着きがなく，席にずっと座っていることができません。保育所では友達をたたいたりつねったりすることが度々あります。そのような行動が続く中で，次第に友達はAくんを避けるようになりました。最近，保育士はAくんのお母さんの様子が気になっていました。いつも何となく浮かない顔をしており，送り迎えの際，Aくんに対して厳しい言葉を投げかけていました。ある日，保育士はAくんの腕と頬に青あざがあるのを見つけました。Aくんに聞いても「何でもない」と言うばかり。保育士は園長に相談をし，市の児童福祉課に連絡をとりました。児童福祉課の職員がAくんの母親と連絡をとり，聞き取る中で，母親がAくんに対しひどく叱責をしたり，暴力をふるったりしていたことがわかりました。Aくんは，母親から虐待を受け，そのストレスで友達にあのような行動をとっていたのだとわかったのです。

①　あなたは，Aくんの母親についてどんな感情を抱きましたか？

　Aくん家族は，父親の転勤のため1年前にこの町に引っ越してきました。父親（28歳）は会社員でとても忙しく，休日も家にほとんどいません。育児を助けてくれる祖父母が近くにいるわけでもなく，母親（24歳）は新しい土地での生活に不安と孤独感でいっぱいでした。Aくんが言うことをきかないと，母親はつい感情的に怒ってしまいます。それではいけないと思いながらも，相談できる友人もおらず，次第に歯止めが利かなくなり，Aくんにけがを負わせるまでになってしまったのです。母親は児童福祉課の職員に「自分なんて母親失格だ」と言い，涙を流しました。職員は「一人きりでの育児は，さぞつらかったでしょうね」と母親を労り，これから子育てをサポートしていくと伝えました。その後，児童福祉課と保育所は連携をとりながら，AくんとAくんの母親に対する支援を行っていきました。母親も保育士に日々の困り事を相談するようになり，Aくんの問題行動も減っていきました。

②　今あなたは，Aくんの母親についてどんな感情を持っていますか？

第 2 章

子ども家庭支援の目的と機能

予習課題

保育所保育指針の第4章「子育て支援」に記載されている，子育て支援の原則ならびに保護者と連携する際に必要な支援を簡潔にまとめましょう。

1 子ども家庭支援の目的

　保育所保育指針の第4章「子育て支援」に記載されている内容から考えると，子ども家庭支援の目的は，保護者と保育者が「**子どもの育ちの喜びの共有**」を通じて，保護者自身の主体性を引き出し，自己決定を尊重することであるといえます。本章ではこの目的を支える支援の目的と機能についての理解を深めます。

① 子ども家庭支援がなぜ必要か

　子どもを支援する際に基本となる，子どもの権利条約（前文）では，私たちの社会生活において，子どもが一人の人として生活する準備が整えられるべきと記されています。[(1)] また，特別な保護を与える必要性があること，身体的や肉体的に未熟であるために，生まれる前からの保護と世話を必要とするということが重要と記されています。これは，子どもを「弱い存在」としてとらえているのではありません。生まれながらにして私たちは尊い，かけがえのない存在なのであり，分け隔てなく一人一人の子どもを守り，大人と同じように一人の人間として，それぞれがもつ様々な権利を認めることが必要不可欠です。

　また家庭とは，家族が生活を共有する場であり，社会生活の最小単位といえます。家族とは，一緒に生活をすることによってつながれ，困ったときに助け合うことができる精神的な結びつきがある人との構成単位を意味します。家族ではお互いの必要に応じて相互に助け合いながら毎日の生活が営まれますが，状況によってその役割を十分に果たすことができないことも起こってきます。たとえば，仕事の都合や，病気やけがなど，社会生活を送る中で突発的な事柄やある程度予測がついていても家族だけで対応することが困難な場合も想定されます。そのような事態を乗り越えるために必要とされるのが「**家庭への支**

---

(1)　児童の権利に関する条約（子どもの権利条約）前文より。

援」です。国や都道府県，市町村などが取り組む，いわゆる公的な制度だけでなく，各種ボランティア団体や地域での支え合いなど，多種多様な民間活動などによって家庭への支援活動が実施されています。

2 専門職による子ども家庭支援

① 保育所保育指針における子ども家庭支援

　保育所保育の基盤ともいえる保育所保育指針では，第4章の「子育て支援」において「保育所における保護者に対する子育て支援は，全ての子どもの健やかな育ちを実現することができるよう，第1章及び第2章等の関連する事項を踏まえ，子どもの育ちを家庭と連携して支援していくとともに，保護者及び地域が有する子育てを自ら実践する力の向上に資するよう，次の事項に留意するものとする」として，具体的項目に分けて子育て支援の内容が示されています[2]（表2-1～2-3）。

　日々保育所を利用している保護者に対しての支援で最も基盤になるのは，**信頼関係（ラポール）の形成**といえます。大切な子どもを預けるにあたって保護者が求めることは，保護者にとって信頼のできる人にお願いしたい，ということです。保育士と保護者との相互理解は，この信頼関係の構築にかかっているといっても過言ではないでしょう。その信頼感こそが，保護者を積極的に保育に参加させる原動力となるのです。また，就労と子育ての両立は喫緊の課題であり，多くの保護者が望んでいることです。保護者が心身ともに安定して仕事に取り組むためには，とりわけ日常生活における子どもの心身の安定が重要な項目となります。**多様性理解**が求められる現代社会において，子どもの生活の連続性を考慮し，**子どもの福祉を尊重した個別の支援**は必須といえるでしょう。各家庭の状況に応じた支援が望まれるところです。また，不適切な養育に出会った際には，最初に保護者に寄り添い，気持ちを聴き出すところから取り組むことが重要です。

---

(2) 保育所保育指針に記述されている子ども家庭支援に関する内容のうち，ここでは独立した章として記述されている子育て支援の内容について取り上げる。

表2-1　保育所における子育て支援に関する基本的事項

1　保育所における子育て支援に関する基本的事項
　(1)　保育所の特性を生かした子育て支援
　　　ア　保護者に対する子育て支援を行う際には，各地域や家庭の実態等を踏まえるとともに，保護者の気持ちを受け止め，相互の信頼関係を基本に，保護者の自己決定を尊重すること。
　　　イ　保育及び子育てに関する知識や技術など，保育士等の専門性や，子どもが常に存在する環境など，保育所の特性を生かし，保護者が子どもの成長に気付き子育ての喜びを感じられるように努めること。
　(2)　子育て支援に関して留意すべき事項
　　　ア　保護者に対する子育て支援における地域の関係機関等との連携及び協働を図り，保育所全体の体制構築に努めること。
　　　イ　子どもの利益に反しない限りにおいて，保護者や子どものプライバシーを保護し，知り得た事柄の秘密を保持すること。

出所：厚生労働省（2017）「保育所保育指針」第4章「子育て支援」より。

表2-2　保育所を利用している保護者に対する子育て支援

2　保育所を利用している保護者に対する子育て支援
　(1)　保護者との相互理解
　　　ア　日常の保育に関連した様々な機会を活用し子どもの日々の様子の伝達や収集，保育所保育の意図の説明などを通じて，保護者との相互理解を図るよう努めること。
　　　イ　保育の活動に対する保護者の積極的な参加は，保護者の子育てを自ら実践する力の向上に寄与することから，これを促すこと。
　(2)　保護者の状況に配慮した個別の支援
　　　ア　保護者の就労と子育ての両立等を支援するため，保護者の多様化した保育の需要に応じ，病児保育事業など多様な事業を実施する場合には，保護者の状況に配慮するとともに，子どもの福祉が尊重されるよう努め，子どもの生活の連続性を考慮すること。
　　　イ　子どもに障害や発達上の課題が見られる場合には，市町村や関係機関と連携及び協力を図りつつ，保護者に対する個別の支援を行うよう努めること。
　　　ウ　外国籍家庭など，特別な配慮を必要とする家庭の場合には，状況等に応じて個別の支援を行うよう努めること。
　(3)　不適切な養育等が疑われる家庭への支援
　　　ア　保護者に育児不安等が見られる場合には，保護者の希望に応じて個別の支援を行うよう努めること。
　　　イ　保護者に不適切な養育等が疑われる場合には，市町村や関係機関と連携し，要保護児童対策地域協議会で検討するなど適切な対応を図ること。また，虐待が疑われる場合には，速やかに市町村又は児童相談所に通告し，適切な対応を図ること。

出所：表2-1と同じ。

　地域の子育て支援を行う際には，地域のニーズをよく整理したうえで，保育所ができる範囲での支援に継続的に取り組んでいくことが重要です。実際に支援していくうえで大切なことは，一人一人の子ども・大人の心身の状態をよく観察して，地域の様々な社会資源と連携を組むことです。保育所が中心になりながら，様々な施設，取り組みを巻き込み，一緒に取り組んでいくことが大切

表2-3　地域の保護者等に対する子育て支援

3　地域の保護者等に対する子育て支援 　(1)　地域に開かれた子育て支援 　　ア　保育所は，児童福祉法第48条の４の規定に基づき，その行う保育に支障がない限りにおいて，地域の実情や当該保育所の体制等を踏まえ，地域の保護者等に対して，保育所保育の専門性を生かした子育て支援を積極的に行うよう努めること。 　　イ　地域の子どもに対する一時預かり事業などの活動を行う際には，一人一人の子どもの心身の状態などを考慮するとともに，日常の保育との関連に配慮するなど，柔軟に活動を展開できるようにすること。 　(2)　地域の関係機関等との連携 　　ア　市町村の支援を得て，地域の関係機関等との積極的な連携及び協働を図るとともに，子育て支援に関する地域の人材と積極的に連携を図るよう努めること。 　　イ　地域の要保護児童への対応など，地域の子どもを巡る諸課題に対し，要保護児童対策地域協議会など関係機関等と連携及び協力して取り組むよう努めること。

出所：表2-1と同じ。

表2-4　教育課程に係る教育時間の終了後等に行う教育活動などの留意事項

1　地域の実態や保護者の要請により，教育課程に係る教育時間の終了後等に希望する者を対象に行う教育活動については，幼児の心身の負担に配慮するものとする。また，次の点にも留意するものとする。 　(3)　家庭との緊密な連携を図るようにすること。その際，情報交換の機会を設けたりするなど，保護者が，幼稚園と共に幼児を育てるという意識が高まるようにすること。 　(4)　地域の実態や保護者の事情とともに幼児の生活のリズムを踏まえつつ，例えば実施日数や時間などについて，弾力的な運用に配慮すること。 2　幼稚園の運営に当たっては，子育ての支援のために保護者や地域の人々に機能や施設を開放して，園内体制の整備や関係機関との連携及び協力に配慮しつつ，幼児期の教育に関する相談に応じたり，情報を提供したり，幼児と保護者との登園を受け入れたり，保護者同士の交流の機会を提供したりするなど，幼稚園と家庭が一体となって幼児と関わる取組を進め，地域における幼児期の教育のセンターとしての役割を果たすよう努めるものとする。その際，心理や保健の専門家，地域の子育て経験者等と連携・協働しながら取り組むよう配慮するものとする。

出所：文部科学省（2018）「幼稚園教育要領解説」第3章「教育課程に係る教育時間の終了後等に行う教育活動などの留意事項」より一部抜粋。

です。

②　幼稚園教育要領における子ども家庭支援

　保育所と同様に，就学前の子どもに対する関わりを担っている幼稚園においても，幼稚園教育要領の中で記載が見つけられます（表2-4）。

　幼児教育の中核ともいえる幼稚園においても，教育効果の向上を図る一環として，幼児の心身の負担を軽減し，**保護者との協働**のもと，ともに子育てを担っているという意識が肝要であることが理解できます。また，その活動は幼稚

表2-5　認定こども園における保護者に対する子育て支援の留意事項

第1	子育ての支援全般に関わる事項
第2	幼保連携型認定こども園の園児の保護者に対する子育ての支援
第3	地域における子育て家庭の保護者等に対する支援

出所：内閣府・文部科学省・厚生労働省（2017）「幼保連携型認定こども園教育・保育要領」第4章「子育ての支援」より一部抜粋。

園内にとどまるだけではなく，地域住民と一体となって地域の子育て支援ニーズに応えていくことが望まれています。「**地域における幼児期の教育のセンターとしての役割**を果たすもの」という一文の中に，幼稚園としての働きが凝縮されているといえます。

③　幼保連携型認定こども園教育・保育要領における子育て支援

　認定こども園における子育て支援の基盤は，第4章「子育ての支援」において，「幼保連携型認定こども園における保護者に対する子育ての支援は，子どもの利益を最優先して行うものとし，第1章及び第2章等の関連する事項を踏まえ，子どもの育ちを家庭と連携して支援していくとともに，保護者及び地域が有する子育てを自ら実践する力の向上に資するよう，次の事項に留意するものとする」と規定され，表2-5の3つの項目において具体的に記載がされています。

2　子ども家庭支援の機能

　子ども家庭支援を実践していく中での，保育現場における具体的な動き（機能）については以下の通りとなります。

1　保育における家庭との連携

　日々通ってくる子どもにとって，保育所・幼稚園・認定こども園等は，日常生活において多くの時間を過ごす場所です。それぞれの生活スタイルに違いがあり，そこには個々の「**生活の流れ**」があるといえます。子ども一人一人が安

心，安全に生活を営むためには，家庭との連携が必要不可欠です。子ども家庭支援で大切にしたい項目として「子どもの育ちの喜びの共有」があげられます。保護者が子育ての喜びを共感する場としての役割を担うためには，様々な手法を用いて保護者との関わりを深める必要があります。その一つ一つの積み重ねが，保護者自身の子育てに対する意欲と自信の深まり，ひいては子ども自身の安心安定につながっていきます。

2　多様な保育ニーズへの対応

　子どもや保護者が過ごしている生活環境の多様化により，保育においても様々なニーズ（希望・思い・願い）が寄せられています。それぞれの家庭の事情に合わせた保育時間の提供（早朝，夕方，夜間，休日などの預かり）に始まり，病児・病後児保育，障害児保育などは従来から保護者のニーズが比較的高かった内容です。それにあわせて，虐待を受けた（受けている可能性が考えられる）子どもとその保護者への支援や，生活困窮（貧困）に陥っている家庭を支えることも重要となっています。あわせて，疾患や食物に対してアレルギーをもつ子ども，海外から帰国した子どもが日本の生活様式になじんでいくこと等々があげられます。私たちが想像する以上に幅広く，より多くの支援が，保育の営みに求められています。

3　保護者自身の親としての育ちの支援

　私たち人間は「**生理的早産**」⁽³⁾といって，未熟な状態で生まれ，生まれた後の段階で身体的，精神的に成長していきます。いわば，成長し続けていく存在であるといえるでしょう。未熟であることは，成長への期待をもつことができ，伸びしろがあり未来があるととらえることができます。子どもを与えられた瞬間から，いきなり保護者（親）になるわけではなく，子どもが様々な支えを得

---

(3)　人間は動物学的観点から見た場合には，他の哺乳動物の発育状況と比べて，すべての面においておよそ一年ほど早く生まれること。スイスの生物学者アドルフ・ポルトマンによる *Biologische Fragmente zu einer Lehre vom Menschen*（1944）の説。

て育まれるように，保護者も親として成長し，伸びしろのある未来を迎えることが始まるのです。「子育ち」と同じように，「親育ち」という言葉には，このような事柄が含まれているといえるでしょう。保育者は，子どもの日々の育ちを支援するとともに，ともに成長発達している「親」にも同じように視点を置き，親子として成長していくことを支えることが望まれます。子育て支援には「子どもを支える視点」「親を支える視点」「親子を支える視点」の3つが必要です。

④ 様々な養育課題に対する個別支援等

生活環境の多様化によって様々な支援が必要となってきていることはすでに述べています。それらは，個別性が高く，個々の必要性に応じて支援が展開されることが必要です。特に障害や発達課題のある子どもに対しては，個々の状況や必要性に応じた支援が必要となります。「似たような特性」はあったとしても，「まったく同じ特性」はありません。子ども一人一人のニーズ，保護者のニーズに沿った支援を計画し，実践していくことが求められます。その際に最も大切にしたい事柄は「子どもの最善の利益を守る」ことです。この他にも，医療的ケア児に対する支援，保護者自身の課題（発達障害や精神障害，または生活上の困難，保護者自身の育ちについて）を視野に入れた課題について，個別の支援を行うことが，今後ますます求められるでしょう。

保育者一人一人が，「保育所の特性」や「保育士等の専門性」を常に意識して，子ども，保護者との関わりをもち続けていくことが肝要といえます。

3 保育者に求められるスキル

保育者の専門性としてよくあげられるのが，予測する力（見立てる力）です。ここでは，どこをどう見るのかを整理します。子どもの育ち（生育歴）に向き合い，保護者とともに子育てに向かっていくことは，保育者自身の養育観を問われることにもなります。保育者自身の育ちを振り返ることによって，保育者

自身の成長を見つめ直すことが肝要です。

1 子ども家庭支援の視点

保育士に求められる視点については，「全国保育士会倫理綱領」（巻末資料参照）からその内容を具体的に学び取ることができます。

視点として重要な項目は，①子どもの最善の利益の尊重，②子どもの発達保障，③保護者との協力，④プライバシーの保護，⑥利用者の代弁，⑦地域の子育て支援，⑧専門職としての責務があげられます。毎日の保育を通しての関わりの中で，これらの項目を意識した関わりが求められます。「同じような生活」はあったとしても，「まったく同じ」生活はありません。それぞれの個別性を十分配慮しながら，その人が求める最も良い生活（ソーシャルウェルビーイング）[4]を希求し続けることが重要です。

2 保育者自身の成長

子ども家庭支援で子ども，保護者，親子を支援していくにあたって，親子がともに育ち合うように，保育者自身も様々な関わりを通じて「**育ち合う輪**」の中に入っていくでしょう。子どもの育ちに「過去・現在・未来」という，一つの**連続性（つながり）**があるように，保育者の成長にも「過去・現在・未来」の連続性（つながり）があります。保育者がもつ保育観の基盤は，その人自身が「今までどのように生きてきたか」という人生観に他なりません。過去の経験や体験が現在の姿につながっているという事実に基づいて客観的に振り返ることができるようになったとき，次への視点を得ることができるでしょう。

子どもと保護者の支えとなる保育者に求められるのは，「**保育者自身の育ち**」に敏感であり，他者の育ちを喜ぶように，保育者自身の成長も喜ぶことだと考えられます。ともに育ち合う保育者が求められます。

---

(4) social well-being（本人の望む生活を継続していく，その人らしい生き方）。

　保育者が子ども家庭支援に向き合う際に求められる姿勢

　多様化・複雑化する現代社会の中で，多くの家庭は様々な課題を抱え，心の余裕をもてずに日々悩みながら子育てをしています。その苦労や頑張りを他者に認めてもらう機会が少ないのではないでしょうか。まずは保護者に対し子育ての頑張りを十分に労い，気持ちを楽にしてもらうことを大切にする必要があります。家庭での様子をじっくり聞いたり，園での様子を詳細に伝えたりしながら，園が家庭と一緒に子どもを育てていこうと思う気持ちが必要です。

　その際には，まずは保護者の思いを理解することを心がけたいと思います。**「先生に聞いてもらえた」**という思いが，保護者の安心感へとつながるとともに，保育者への信頼感にもつながるといえるでしょう。

　また，**保育者が抱える負担**も年々大きくなっており，そのことに保育者自身が気づいていないことが多いと考えられます。一人で抱え込んでしまい，周りの者が気づいたときには精神的に追いつめられていることも少なくありません。そのような状況を回避するために，保育者が家庭支援について，一人で抱え込まない意識をもち，普段から家庭の状況について園全体で共有することが求められます。そのことで，より広い視野で早期のチーム対応を行うことが可能となり，保育者の負担の軽減にもつながるでしょう。担任から主任，園長へと役割を移行する中で，専門機関へつなげる時期を見極め，迅速に連携することが可能となります。そして，保育者も家庭同様，普段からの頑張りを周りの者から労われることも必要です。保育者同士で労い合える**「園の雰囲気づくり」**が必要不可欠です。

事例　保護者の思っていることを受容する姿勢

　クラス担当の保育者が，子どもの気になる姿を保護者に伝えると「それは先生がそう思うだけでしょう」と返されてしまいました。保育者には，今の姿を客観的に伝え，成長が見られる姿と課題を共有したいという思いがありましたが，うまく伝わっていない様子でした。園長，主任と対応を振り返る中で，「より具体的なエピ

ソードを添え，保護者の思いや願いを聴く姿勢を大切にする」ことで保護者の理解を手助け，感情を和らげる関わりを大切にしていくことを確認しました。やがて，保護者との関係性に改善の兆しが見えてきました。

　上記のような環境において，日頃から園の方針や願いを伝えることで，家庭の価値観に園の価値観が合わさり，子どもを見る視点が広がるとともに，保育者からの話も理解されやすくなるでしょう。

参考文献
松原康雄・村田典子・南野奈津子編（2023）『子ども家庭支援論』中央法規出版。

復習課題
子ども家庭支援に携わる保育者に求められる「スキル」と「姿勢」についてまとめましょう。

ワークシート　子育て支援に関するポイントをおさえるために，以下の4つの項目について取り組んでみましょう。

① 保育所における子ども家庭支援に関する基本的事項についてまとめてみましょう。

② 保育所を利用している保護者に対する子育て支援についてまとめてみましょう。

③ 地域の保護者等に対する支援についてまとめてみましょう。

④ 子ども家庭支援を行う際に保育者に必要な支援についてまとめてみましょう。

第 **3** 章

保育の専門性を活かした子ども家庭支援とその意義

1　保育者の役割と専門性

1　子どもの育ちを保障する

　保育者には，まず何よりも保育所保育指針にもあるように，養護及び教育が一体的となった保育を行い，子どもの育ちを保障する役割があります。「保育」という言葉には，「子どもの育ちを保つ」という意味が込められています。保育所保育指針では，保育の基本原則として，子どもの主体としての思いや願いを受け止めること，一人一人の発達過程に応じた保育を行うことが求められています。また，子どもの権利条約（児童の権利に関する条約）では，「生きる権利」「育つ権利」「守られる権利」「参加する権利」の4つの権利が定められています。これは人種，国籍，性，意見，障害，家庭状況等によって妨げられるものではありません。どの子どもにも生まれながらにして，健やかに育つ権利があるのです。

2　子どもの力を引き出す

　子どものもつ力は無限大です。子どもが生まれながらにもっている能力，育つ環境によって培っていく能力は，それぞれの子どもによって個々に違うものであり，また流動的です。これらの子どもの力を理解し，いかに子ども一人一人の力を引き出していくことができるかが，保育者の専門性といえるでしょう。子どもの育ちは，保育者の子どもへのかかわり方一つで違ってくるといっても過言ではありません。保育者は，日々の保育が子どもの育ちをいかに支えているかを自覚して，一人一人の子どもと丁寧にかかわり，子どもの力を引き出すことが求められます。

---

(1)　厚生労働省（2017）「保育所保育指針」。

(2)　1989年11月20日，第44回国連総会において採択された条約であり，日本は1994年に批准している。条約では「生きる権利」「育つ権利」「守られる権利」「参加する権利」などの権利が明示されている。

3　子どもの環境を整える

　子どもが育つ環境を整えるのも子どもの育ちを保つためには大切なことです。日々の保育の中での「環境構成」はもちろんのこと，子どもと子ども，子どもと保護者との関係をより深くつなげていくことによって，子どもが育つ「環境」を整えることが大切な役割です。子どもの育ちを保つためには，子どもとの信頼関係だけでなく，保護者との信頼関係の構築が大切です。

2　保育現場における子ども家庭支援の意義

1　子どもと家庭にとって身近な場

　保育現場は，子どもと家庭にとって身近な場であり，保護者が子育てをしていくうえでのとても重要な社会資源の一つです。保育者は，日々の保育から，より子どもを理解していくことができ，子どもとの関係性を深めることができます。また，登園・降園時の保護者との会話，連絡帳によるやりとり等を通じて，子どもの保護者との信頼関係が構築されていきます。厚生労働省の保護者を対象とした調査では，保護者が保育者への日常的な情報交換の手段として最も多く選択したのは，送迎時の会話が全体の72.6％，次いで，連絡帳（手書き，オンラインツール含む）が43.9％でした。この結果からも，送迎時や連絡帳による保育者と保護者とのやりとりが大切であることが明らかです。

2　日常的かつ継続的で連続性のある支援

　子どもが毎日，保育所等に通うということは，子どもや家庭にとっては，日

---

(3)　厚生労働省（2022）「保育所等における保育実践の充実に関する調査」保育所等における子育て支援の在り方に関する研究会報告（https://www.cfa.go.jp/assets/contents/node/basic_page/field_ref_resources/4a8f683e-909b-4575-961f-d7f188a9814b/325f6a1b/20231013_policies_hoiku_kosodate-shien-chousa_000941443.pdf　2023年10月5日閲覧）。

常的で継続的なことです。このため保育者は，子どもや家庭に対して，日々の見守りや積み重ねによる連続性のある支援が展開できるのです。

他の専門職と比べてみると，たとえば，乳児健診等を担当する保健師は，健診時の子どもと保護者の姿を確認することが中心となります。通告・相談を受けた児童相談所職員は，どんなに心配なケースだとしても，毎日，子どもや家庭の様子を見続けることは困難です。このように他の専門職と比べても，日々の保育で子どもや保護者の姿を見守り確認できる保育者の役割は明確です。

３　子どもをまんなかにした支援が可能

保育者と保護者との送迎時の会話や連絡帳のやりとりでは，「子ども」をまんなかとした情報共有が中心となります。保護者は子どもの育ちについての困り事を担任などの保育者に相談しているうちに，保護者自身の困り事や育児環境についての困り事を話し始めることもあるでしょう。そして，保育者は，子どもへの支援だけではなく，保護者自身や家庭への支援を実践していくことになります。ここ最近では，保育指針等に取り上げられてこなかったような多様で複雑かつ特別な支援ニーズのある家庭も多いことから，担任などの一人の保育者で抱え込まないようにする園内の体制づくりが大切です。

3　保育現場における子ども家庭支援の実際

１　子どもと家庭の様子のとらえ方

① 子どもを理解する

保育者が子どもを理解するためには，まず，基本的な子どもの月齢や年齢に応じた発達の理解が必要です。そして，同じ月齢や年齢でも，個々の子どもの興味や関心を理解することが必要となってきます。さらに，発達に特性のある子どもや特別なニーズのある子どもの理解も求められます。知識として得た理解と，日々の観察による理解，両方を備える必要があります。

②　子どもを通して家庭を知る

　子どもの表情，言葉使い，遊びなど，些細な子どもの行動の変化をキャッチすることで，子どもを通じて家庭を知ることがあります。子ども自身の変化だけでなく，送迎時の保護者と子どもの様子や子どもの持ち物から家庭の様子を知ることもあります。これらの変化は，子どもの育ちにとってプラスになることも，マイナスになることも含まれます。保育者が心配に思うことは，しっかりと記録として残しておいて，状況によって，すぐに園内で話し合いをする等して，子どもや家庭に対しての支援を考える必要があります。

③　保護者を理解する

　保護者の中には，多忙に見える保育者を気遣うあまりうまく話しかけられない人，日々の子育てや仕事に疲弊している人，表面化されていなくても様々な問題や課題を抱えている人等がいます。また，保護者自身が育った環境によって，保育者と大きく価値観が違う場合もあります。子どもの状況も，保護者の状況も，日によって様々です。個人的なフィルターを通して保護者を判断するのではなく，保育者としての専門的な視点で，保護者に近い立場で保護者自身のことを理解したうえでの支援を行うことも，子どもの育ちを保障していくためには大切なことです。

2　関係機関との連携

①　様々な関係機関と事業の機能と役割を理解する

　子どもの背景にある家庭の諸問題や課題は，現在は，とても複雑かつ多様になっています。保育所等の保育者だけの支援では解決できないことが増えているのです。そのため，複数の関係機関と連携することも多くなっているので，普段から，表3-1のような地域の社会資源や，連携先となる様々な関係機関や制度の機能や役割を理解しておくことも大切です。

表 3-1　子ども家庭支援の関係機関や制度

機　関	事業内容
市町村	保健センター等の母子保健部門や子育て支援部門等があります。保健センターは，健康相談，保健指導，健診診査など，地域保健に関する事業を地域住民に行うための施設です。
要保護児童対策地域協議会 （要対協）	要保護児童等（要保護児童とその保護者，要支援児童，特定妊婦）に関する情報の共有や支援を行うための協議を行う場です。
児童相談所 （児相）	すべての子どもが心身ともに健やかに育ち，その持てる力を最大限に発揮できるように家族等を援助する目的として設置された機関です。児童虐待（疑い含む）発見時の通告先のひとつです。
家庭児童相談室 （福祉事務所内）	家庭における適正な児童養育，その他家庭児童福祉の向上を図るため，福祉事務所の家庭児童福祉に関する相談指導業務を充実強化するために設置された機関です。児童虐待（疑い含む）発見時の通告先のひとつです。
児童発達支援センター	主に未就学の障害のある子どもへの発達支援やその家族に対する支援を行うとともに，その有する専門機能を活かし地域の障害のある子どもやその家族の相談支援，障害のある子どもを預かる施設への援助・助言を行う施設です。
児童発達支援事業所	主に未就学の障害のある子どもに対して，身近な地域で発達支援やその家族に対する支援を行う施設です。
地域子育て支援拠点	子育て中の親子が気軽に集い，相互交流や子育ての不安・悩みを相談できる場です。
地域型保育 （家庭的保育，小規模保育，居宅訪問型保育，事業所内保育）	地域における多様な保育ニーズへの対応や待機児童解消のため，保育所等より少人数の単位で乳幼児を保育する事業です。
市区町村子ども家庭支援拠点	自治体内のすべての子どもとその家族及び妊産婦等を対象とし，その福祉に関し，必要な支援にかかる業務を行うとともに，要支援児童等への支援業務の強化を図る事業を行う機関です。
子育て世代包括支援センター	主として妊産婦及び乳幼児並びにその保護者を対象とし，妊娠期から子育て期にわたり，母子保健施策と子育て支援施策を切れ目なく提供するため，実情を把握し，妊娠・出産・育児に関する各種の相談に応じ，必要に応じて支援プランの策定を行う機関です。
こども家庭センター	市区町村子ども家庭総合支援拠点と子育て世代包括支援センターが一体的に相談支援を行う機関です。2024年度から設置される予定です。
ファミリー・サポート・センター （子育て援助活動支援事業）	子育ての「援助を受けたい人（依頼会員）」と「援助を行いたい人（提供会員）」が会員となり，地域で相互援助活動（有償）を行う事業です。
利用者支援事業	子ども及びその保護者等，または妊娠している方が，教育・保育施設や地域の子育て支援事業等を円滑に利用できるようサポートする事業です。
保育所等訪問支援事業	保育所等に通う障害のある子どもについて，通い先の施設等を訪問し，障害のある子ども本人に対して集団生活への適応のための専門的な支援を行うこと，また，保育者等のスタッフに対し支援方法等の指導等を行う事業です。
巡回支援専門員整備事業	任意の市町村事業です。地域の一般的な子育て支援施設に，相談員が直接訪問し，保育や子どもへの対応について助言などを行います。

出所：厚生労働省（2023）「保育所等における在園児の保護者への子育て支援——相談等を通じた個別的な対応を中心に」より資料編「関係機関や制度」に筆者加筆　（https://www.cfa.go.jp/assets/contents/node/basic_page/field_ref_resources/4a8f683e-909b-4575-961f-d7f188a9814b/8ce7972e/20231013_policies_hoiku_kosodate-shien-chousa_001079964.pdf　2024年2月14日閲覧）。

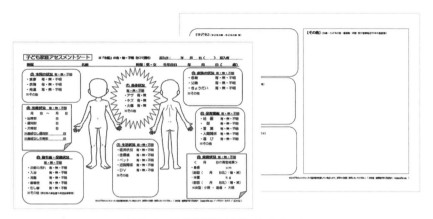

図3-1　子ども家庭アセスメントシート

出所：灰谷和代（2017）「市区町村と保育現場の共通アセスメントシートの開発」子ども虐待防止学会
第23回学術集会ちば大会報告資料。

②　保育現場内外における連携方法

　保育現場内外での連携を強化するためには，保育現場内をはじめ，保育所等
と関係機関との共通認識をもつ必要があります。一人の保育者の「気づき」を
「記録」として残して整理した後，的確な情報を園内や園外の関係機関に伝達
できるようにしておく必要があります。保育現場内外での情報共有や連携を促
進するための共通アセスメントツールである「子ども家庭アセスメントシー
ト」（図3-1）を活用するのも一つの方法です。本ツールは，現在，保育現場
と自治体担当課との共通ツールとして複数の地域で活用されています。

③　共通アセスメントツールの活用の実際

　保育現場内での共通アセスメントツール（子ども家庭アセスメントシート）を
活用した子どもと保護者への支援について，以下に実際の実践事例をあげます。

---

(4)　灰谷和代（2017）「市区町村と保育現場の共通アセスメントシートの開発」子ども虐待防止学会第23
回学術集会ちば大会報告資料。

　ゆうきさん（仮名・2歳6か月）は，1歳児の頃からおとなしく，言葉をあまり話すことがありませんでした。2歳児クラスに進級後，クラス担任の保育者は，もしかしたら発達に課題があるのかもしれないと思い，アセスメントシートの記入を始めます。記入を進めているうちに，いつも送迎をしている母親も，ほとんど話しをしないこと，またいつも送迎時にゆうきさんにスマートフォンを持たせて動画を見せていることがわかりました（動画を見せないとなかなか車に乗らない様子を保育者が見ている）。

　半年程たったある日，母親が保育者に「ゆうきと同じくらいの生まれの子って，どのくらい話すのですか，なんかうちの子は言葉が遅いのかなと思って」と話しかけてきました。保育者は，今までの記録の積み重ね，その記録に基づく職員間の話し合いから，ゆうきさんが話さないのは，母親とのコミュニケーションが少ないからなのではないかと予想しました。しかしいきなり「コミュニケーションが少ないのでは」と言ってしまうと，今後，母親は保育者にも話さなくなってしまう可能性があるため，「そうですね。でも自分の名前をゆうちゃんと呼んで，ゆうちゃんもこれしたい〜と，少しずつ自分の気持ちを伝える場面がふえてきましたよ」と伝えました。その後も園でゆうきさんが話した言葉を母親に伝えると同時に，ゆうきさんの言葉に対して，保育者はどのように応じているか，少しずつ母親と話すようにしました。母親は，保育者の話を聞いて，自宅でもゆうきさんに言葉をかけるようになったようです。結果として，ゆうきさんは，今では言葉が豊富になり，たくさんのお話しができるようになりました。

　上記事例の園では，2020（令和2）年度から「子ども家庭アセスメントシート」（図3-1）を試行した後，園内保育者で話し合い，園独自のシートを作成して2021（令和3）年度から園全体で活用しています。日々の保育や保護者とのかかわりの中で気づいたことを，保育者が書き留めて情報を蓄積することで，記入した保育者自身も，園全体も簡単に振り返りができるようになっています。また，既存のシートではなく，園独自のシートを作成して活用していることもあり，園内の保育者が使いやすいシートとなっているようです。そして，シートを使うことで園内の共通認識が図られ，保育者個人の意識も高まっています。

　上記事例は保育現場内で活用できた事例でしたが，他にも，保育者・保育現場の「気づき」から自治体担当課への相談につながった虐待事例やDV事例等が多数あります。いずれの事例も，まずは図3-1のシート等を土台にして地域や現場の状況にあわせたツールを作成しています。それぞれの地域や現場の状況にあわせて，園内および関係機関との共通ツールを作成して活用することが連携強化になっています。

　保育者の役割は，**子どもの育ちを保つこと**であり，子どもの育ちを保つために必要な環境整備の一つとして，子どもの保護者や家庭の支援があります。保育現場は，他の機関と違って，**日常的かつ継続的な保育を通じて連続性のある子どもをまんなかにした支援が可能**です。この保育現場の特性を活かした支援ができるように保育者はさらに専門性を高め，子どもや家庭への支援に活かしていくことができるように努める必要があります。

┌─ 復習課題 ─

保育の専門性とはどのようなことでしょうか。また，保育の専門性を活かした子どもと家庭への支援で大切なこととして考えられることは何でしょうか。第3章を学んだあと，考えたことを箇条書きにして，まとめてみましょう。

ワークシート　以下の表は「記録ツールの参考例」です。日々の保育の中でどのような内容を記録しておくべきか，考えてみましょう。

こどもの名前	
いつ	
記入者	

〇だれが・だれに／どこで／どのようなことがあったか，を明記しましょう。
ここに，どのような内容を記録しておくべきか考えてみましょう。

気になること	
対応内容	（〇月〇日　記入者：　　　　　　　　　　　　　　）

資料：厚生労働省（2023）「保育所等における在園児の保護者への子育て支援——相談等を通じた個別的な対応を中心に」より資料編「記録ツールの参考例」に筆者加筆　（https://www.cfa.go.jp/assets/contents/node/basic_page/field_ref_resources/4a8f683e-909b-4575-961f-d7f188a9814b/8ce7972e/20231013_policies_hoiku_kosodate-shien-chousa_001079964.pdf　2023年10月5日閲覧）。

第 **4** 章

子どもの育ちの喜びの共有

予習課題

保護者と子どもの育ちの喜びを共有するためには，日頃から保護者と保育者間のコミュニケーションを意識することが大切です。保護者と保育者をつなぐコミュニケーションツールや場面を具体的にあげましょう。

1 「子どもの育ちの喜びの共有」の意義

1 「子どもの最善の利益」を考慮した支援

　園で家庭支援を行う場合，保育者が**「子どもの最善の利益」**を考慮した支援を行うことが基本です。子どもの最善の利益は，保育所保育指針の第1章「総則」の2「保育所の役割」に明記されています（表4-1）。1989年国連採択の子どもの権利条約の原則の一つであり，日本では1994（平成6）年の批准をきっかけに普及していきました。日本ユニセフ協会は，子どもの最善の利益を「子どもにとって最もよいこと」とし，「子どもに関することが決められ，行われる時は，『その子どもにとって最もよいことは何か』を第一に考えます」（日本ユニセフ協会抄訳）と説明しています。[1]

　具体的にどのようなことが子どもにとって最もよいことなのかは，網野が整理した子どもの権利についての考え方が参考になります。[2]一つ目は，生命が守られ，保護され，育てられるという受け身な「受動的権利保障」，二つ目は子どもの「～したい」「～したくない」という「能動的権利保障」という視点です（図4-1）。家庭支援は，保護者への働きかけを通して二つの視点が子どもに適切に提供されていくことを保障していく営みだと考えられます。受動的権利保障はイメージしやすいことですが，子どもの主体性を当たり前の人の欲求として尊重する能動的権利保障は，大人側に「待つ」という忍耐が必要とされます。ここでは，大人の都合よりも子どもがいま表現している意志を尊重できているかどうかが重要なポイントになります。これは保護者に求められるものだけではありません。保育者自身も，日常の保育実践において子どもの「～したい」「～したくない」を一人の人間の思いとして受け止め，尊重できている

---

(1)　日本ユニセフ協会「子どもの権利条約」（https://www.unicef.or.jp/about_unicef/about_rig.html　2023年9月27日閲覧）。

(2)　網野武博（2002）『児童福祉学——〈子ども主体〉への学際的アプローチ』中央法規出版，76～90頁。

表4-1　保育所保育指針「保育所の役割」

1　保育所保育に関する基本原則 （1）　保育所の役割 　　ア　保育所は，児童福祉法（昭和22年法律第164号）第39条の規定に基づき，保育を必要とする子どもの保育を行い，その健全な心身の発達を図ることを目的とする児童福祉施設であり，入所する子どもの最善の利益を考慮し，その福祉を積極的に増進することに最もふさわしい生活の場でなければならない。

出所：厚生労働省（2017）「保育所保育指針」第1章「総則」。

図4-1　子どもの権利の考え方

出所：網野武博（2002）『児童福祉学——〈子ども主体〉への学際的アプローチ』中央法規出版，76〜90頁をもとに筆者作成。

かを常に振り返りたいものです。

2　保護者にとっての子育ての喜び

　子どもの最善の利益を考えるとき，保育者の「子どものために」という思いと保護者の事情の間で葛藤する場面が出てくると考えられます。たとえば保護者の仕事のために長時間保育がやむを得ないとき，子どもが母親に構ってほしい気持ちを保育者に出してきたときなど，保護者と保育者の思いにすれ違いが生じる場面があります。ここで保育者は「子どもがかわいそう」と感情に流されるのではなく，「子どもの最善の利益よりも保護者の都合のみが優先されていないか」を冷静に検討することが大切です。その際には，保護者を取り巻く

事情を理解しようと努め，まずは保護者を信じる姿勢が求められます。保育者が保護者に寄り添い子育てをサポートしようとする姿勢は，あらゆる場面において子どもや保護者に対する温かなまなざしのコミュニケーションにつながります。たとえば，保護者へのふとした一言も「もっと頑張ってください」ではなく，「いつも頑張っている，だから子どもも元気に過ごしている，これからも一緒にやっていきましょう」というメッセージとして伝われば，保護者にとって子育ての喜びにつながると考えられます。子どもの成長を保護者が感じ取ることができるような働きかけを行うことが，保護者を支援することを通して子どもの育ちを支えることにつながるのです。つまり，保育者は子どもの育ちに関して，保護者「を」支える（support of family）のではなく，保護者「と」支える（support with family）姿勢をもつことが大切であるといえるのです。

2　保護者自らの子育て力の向上

① 保育者がコミュニケーションに変化を起こす

　子育ての喜びを共有するための保護者とのコミュニケーションは，おたより帳やクラスだより等の他にも，子どもの送迎時の会話など直接ふれあう場面があります。このような日常のつながりにおける保育者の対応によって，子どもと保護者にポジティブな変化を起こすことは可能です。

事例1　花ちゃんの目線の先

　降園時に靴を履くのが遅い花ちゃん（仮名）に対し，母親はいつもイライラして「早く！　もういつもグズグズして！」ときつく言います。保育士が観察していたところ，花ちゃんは靴箱の上にある水槽のメダカをじっと見ているようでした。ある日，保育士は母親が注意をする前に「花ちゃん，メダカさんのこと好きだよね。メダカさんにバイバイして，また明日ねって言おうか」と言ったところ，花ちゃんはバイバイをして目線をすっと靴に戻しました。すかさず保育士は「お！　次は靴だね」と促し，「靴，一人で履けたね！　やったー！」と花ちゃんの行動を喜びま

した。「花ちゃんがメダカさんにバイバイして靴を履くまで，お母さんが待ってて
くれたよ～」と母親に状況を説明しながら，花ちゃんを待っていた母親にもにっこ
りと笑いかけました。母親はつられて笑顔を返し，花ちゃんの手をとり帰っていき
ました。次の日からは，母親が自ら「花ちゃん，メダカさんにバイバイね」と花ち
ゃんに語りかける姿が見られるようになりました。

　母親は早く帰るために，靴を履くのが遅い花ちゃんにイライラしてついきつ
く言ってしまうようです。靴箱の上のメダカに注目していることに気づいた保
育者は，花ちゃんの興味に共感しながらも，自然に注意をメダカから「帰る」
行動（バイバイ，靴を履く）に向け，自発的な行動につなげています。さらに母
親に対しても，花ちゃんの行動を待っててくれたと言語化することで子どもの
行動を尊重できたニュアンスを伝えることができています。保育者は，子ども
を怒る母親を批判的にとらえがちになりますが，直接「花ちゃんを待っててあ
げてくださいね」と指導するよりも，間接的に花ちゃんの自発性を見せ，「子
どもの行動を待てる」という母親の強さ（**ストレングス**）を引き出す関わりを
行ったのです。この関わりが，次の日から母親の言葉かけに変化を起こしまし
た。誰しも最初から子育てができるわけではありません。保育者が自らの言葉
や態度で子どもとの良好な関わりを見せ，その関わりにさりげなく母親を巻き
込んでいくことで，保護者の養育力の向上につながることがあります。

❷　ストレングスに着目した支援

　保護者支援では保育者が援助しなければならないと考え，つい，保護者ので
きていないところに着目し，修正しようとアドバイスしてしまいがちになりま
す。たとえば，以下の事例ではどのように対応することが望ましいでしょうか。

事例2　ストレスか生活リズムか

　3歳になったばかりの陸くん（仮名）は，園で大量に排便をする傾向があります。
休みの日は家で排便をせず，お腹がパンパンのまま園に来てからすぐに大量に出ま

す。まだおむつは外れていません。ある日，母親は担任保育士に「家で出ないってどうなんでしょうか？」と深刻な顔で相談しました。この日は母親の心配に共感的に話を聞き，すぐに担任保育士は主任に相談しました。家庭は，陸くんと両親の3人暮らしで共働きです。母親の仕事の都合もあり，園での保育時間が長い子です。きついタイプの母親ではありませんが，仕事が忙しく，慌しく過ごしています。陸くんは明るく元気な子ですが，同年代と比較して発達にやや遅れがみられます。現在は様子をみているため療育手帳は取得していません。担任保育士は，陸くんが家でリラックスできていないため排便することができないのかもしれない，と主任に話をしました。

　担任は排便はストレスのバロメーターととらえ，母親が忙しく園での保育時間が長いためストレスを感じ，陸くんにとって家がリラックスできない状況なのではないかと考えました。そして母親に陸くんが家で楽しく過ごせるようにアドバイスしたほうがいいのではないかと提案しました。話をきいた主任は，職員を集め，陸くんの件について保育者全員に情報共有しました。そして陸くんの園での排泄状況と家庭での生活リズムを整理し，家族状況も含めて検討しました。ベテラン保育者は，実際の家での様子は不明なものの陸くんが園で機嫌よく生活リズムも整って過ごしていること，母親自ら心配して園に相談していることから「陸くんを家でリラックスさせること」の指導は母親にさらに苦悩を与える可能性があると話をしました。そのうえで陸くんは園で長い時間を過ごしていることで単に「園でする」という生活リズムになっているのではないか，という結論になりました。担任は主任とともに母親と面談し，まずは母親が相談をもちかけてくれたことに感謝の気持ちを示しながら，丁寧に園での陸くんの様子を説明し，ベテラン保育者から提案された「生活リズム説」を話しました。その後しばらくして，4歳になった陸くんは園で大量に排便することはなくなりました。

　この事例では，できていないところ（家で排便しない）を指摘し変えていくアドバイスよりも，できているところ（園で排便できている・母親が相談にきている）に着目し，その強み（ストレングス）を伸ばす方向に目を向けています。これを**ストレングスアプローチ**といいます。相手のもっている意欲や能力，精神的な強さを引き出すアプローチですが，実践するには単にいいところ探しをするだけではなく，保育者たちが陸くんの情報を整理したようなアセスメント

（客観的な分析）を行い，根拠に基づいた判断をしていく慎重さが必要です。

3　子どもの育ちを共有するための取り組み

1　保護者とのコミュニケーション場面

　子どもの育ちを共有するための場面は，保護者とのコミュニケーション場面すべてといえます。園生活の中で子どもがどのように成長しているのかを，あらゆる機会を活用して保護者に丁寧に伝えていくことで，保護者は子どもの成長を実感することができます。たとえば，登園や降園時の送迎，連絡帳，園だより，運動会などの行事，保育参加，保護者面談，保護者懇談会などがあげられます。最近はICTを用いたドキュメンテーションも子どもの成長が目に見えるツールとして取り入れられています。また，子どもや保護者の目につく玄関などに保育の様子や作品を掲示する園もあります。送迎に少し余裕があるときは，掲示物をみながら子どもと保護者が会話するきっかけになることもあるでしょう。たとえばその日の給食を玄関に置いておくコーナーがあれば，子どもが保護者に「今日の給食ね……」と自分の好き嫌いや給食でのお友達との会話を話している姿がみられるときもあります。その会話に保育者が入り「たくさん食べられたね，去年は苦手だったお野菜も好きになったものね」等，子どもの様子や成長をより具体的に保護者に伝えることで，コミュニケーションが促進されることもあるでしょう。どのような場面においても，保護者の関心事である「自分の子どもの成長」を中心にした話題を意識し，保護者との短い時間を丁寧に積み重ねることで信頼を構築していきたいものです。

2　肯定的な表現の工夫

　子どもの育ちを保護者と共有するためには，できないことを直接的に表現するのではなく，できるだけ肯定的な表現で伝える工夫が必要です。たとえば劇で声が小さいときにも「大きな声が出せていない」と「普段恥ずかしがりなの

にセリフを一生懸命言おうとしている」では受け取り方が異なります。では，子ども同士のトラブルや問題行動などを保護者に伝えなければいけない場面ではどうでしょうか。「お友達をたたいた」と保育者が子どもの問題のみをストレートに表現した場合，保護者が我が子を否定されたと受け取り，信頼関係を損なう可能性が高くなります。保育者による子どもへの否定的な表現は，保護者を傷つけ子育てへの自信を失わせることにつながりかねません。この場合は，「たたいた」という子どもの行動だけではなく，「大好きなおもちゃを横取りされて悔しかったことを口でまだ言えなかったようだ」等，子どもの裏にある気持ちや行動の意味などを伝えることで，保護者が事象を受け止める余裕が出る場合もあります。

　保育者の表現を変える技術の一つに，「**リフレーミング**」があります。心理学の技法ですが，子どもや保護者への言葉かけに役立ちます。リフレーミングとは，直訳すると「再枠づけ」です。いまとらえている枠組みから少しシフトすることでものの見方を柔軟にします。たとえば「友達とトラブルが多い子」はもしかすると「自己主張ができる子」かもしれません。「保育者に要求が多い母親」は「細かいことに気づいてくれる母親」かもしれません。今ある状態に着目し，その意味や価値を認めていかしていこうとすることで，保育者自身の否定的なものの見方をやわらげ，毎日の保育のみならず，子どもや保護者とのコミュニケーションも肯定的にみる助けになると考えられます。事実をリフレーミングしたからといって，「トラブルが多いこと」や「保育者に要求が多いこと」は消えません。むしろリフレーミングによって，問題や困難の中で見落としがちな肯定的な側面に光をあてながら，子どもの育ちを保護者「と(with)」支えるための作戦をたてていくことが可能になるのです。

　たとえ保育者が良いと思った表現でも，一方的では相手を傷つけてしまう可能性があります。リフレーミングをするには，相手の気持ちや状況を受け止め，それをもとに最適な視点を探らなければなりません。リフレーミングがうまくいった場合は相手の表情が柔らかくなるなどの変化が生じます。保護者とのコミュニケーションでは肯定的な言葉を選ぶ力や，やりとりにおいて相手の様子

を繊細に観察する力が必要とされます。

参考文献

今井和子・近藤幹生監修（2020）『保護者支援・子育て支援』ミネルヴァ書房。

復習課題

以下の言葉をリフレーミングし，表現の幅をひろげましょう。

「うるさい」「頑固」「作業が遅い」「すぐ泣く」「人見知り」「飽きっぽい」

ワークシート 事例を読み，グループをつくって意見を交換しながら，次の設問に答えてみましょう。

　蓮くん（仮名）は 4 歳です。両親の仕事の都合で 4 月に転園してきました。朝の登園時は玄関前で迎えている男性園長からの「おはよう！」の大きな声かけに最初こそ驚いていたものの，そのうちにっこり笑ってハイタッチするようになりました。どちらかというとおとなしい子で，おっとりしている印象です。転園して一週間後の給食の時間に，蓮くんは担任の側に来て「ぼくのコップがない」と言いました。配膳準備で忙しかった担任は，(1)「自分で一人一人に聞いて回っておいで」と対応し，蓮くんがお友達に聞いて回り自分のコップを探せたことを確認しました。蓮くんの表情が硬かったことに気づきましたが，コップを探せたことで自立の一歩になったととらえていました。降園時に蓮くんを褒め，母親に，(2)「次回からは先生に聞かなくても自分で探せたら良いですね」と，蓮くんの成長を促す声かけをしたつもりでした。しかし次の日から蓮くんは登園を嫌がり休むようになりました。数日後，保護者から園長に「クラスを変えてほしい」と申し出がありました。

① 　母親は，蓮くんが嫌がった理由を下線部(1)の担任の対応であると説明しました。子どもの最善の利益や子どもの権利の観点から，蓮くんの個別の状況にも配慮しながら，あなたならどのように対応するかを考えてみましょう。

> あなたの考え
>
>
>
> グループメンバーの意見
>
>

② 　下線部(2)について，担任は喜びを共有しようと思い説明したつもりでしたが，結果的に蓮くんや母親を傷つけてしまいました。次回，担任が蓮くんや母親に会ったときに，どのように声をかけたら良いでしょうか。

> あなたの考え
>
>
>
>
>
> グループメンバーの意見
>
>
>
>

第 5 章

保護者及び地域の子育て実践力の向上に資する支援

予習課題

今までに子育てをまったくしたことのない人が，初めての子育てにあたって知って
おきたいことはどんなことでしょうか。もしくは，どんなサポートがあれば心強い
でしょうか。状況を想像しながら，考えたことを箇条書きにしてみましょう。

1 子育て支援の目的

1 子育てを自ら実践する力の向上

保育所保育指針⁽¹⁾の第4章「子育て支援」の冒頭には，「保育所における保護者に対する子育て支援は，全ての子どもの健やかな育ちを実現することができるよう，第1章及び第2章等の関連する事項を踏まえ，子どもの育ちを家庭と連携して支援していくとともに，**保護者及び地域が有する子育てを自ら実践する力の向上**に資するよう，次の事項に留意するものとする」と書かれています。この記述に関して，保育所保育指針解説⁽²⁾では，「【保護者と連携して子どもの育ちを支える視点】」として，「保護者の養育する姿勢や力の発揮を支えるためにも，保護者自身の**主体性**，自己決定を尊重することが基本となる」と解説されています。

子育ての中心を担うのは保護者です。子育てのある時期において，保護者の手が回らない部分や未熟さに関して，保育者がサポートすることは必要です。しかし，保育者がずっとその子どもと関わっていくことはできません。子どもの最善の利益を考えると，保護者が子育ての担い手として成長し，やがては自立して主体的に子どもを養育していけるように，サポートしていくことが必要なのです。未熟な面のある保護者に対して，それを責めるような姿勢ではなく，成長していってもらうためにはどんなことができるか考えていくことが大切です。

2 親育ち

保育や子育て支援の場で保護者を見ていると，「子育て初心者」らしい様子を見て取れることがあります。たとえば，お迎えに来たけれど子どもが帰りた

---

(1) 厚生労働省（2017）『保育所保育指針』フレーベル館，36頁。
(2) 厚生労働省（2018）『保育所保育指針解説』フレーベル館，328頁。

がらないのに困り，「帰るなら好きなお菓子買ってあげるから」と誘う保護者。子どもが大人や友達を嚙んでしまうようになり，攻撃的で乱暴な子どもに育ってしまったのではないかと焦る保護者。早期教育に関する情報を知って，受けさせていなかった自分の子どもは他の子よりも出遅れてしまったのではないかと不安になり，後悔する保護者。困っていることや悩みは様々ですが，目の前の子どもの言動や，いろいろな育児情報に振り回されてしまっている様子がうかがえます。

　こうした保護者も，子育ての経験を積んでいく中で，子どもの気持ちの受け止め方や心身の発達を理解したり，自分の子育てについての考え方やスタイルが形成されたりして，変化していきます。「子どもを育てる，ということによって，親もまた親として育っていく」のです。「親が親として育つためには，子育てについての情報に振り回されるのではなく，情報を理解し，それを使う立場になること」が求められます。近年は，こうした保護者の成長を支援することの重要性が注目され，子育て支援において「**親育ち**」という表現が使われることも増えてきました。

2　親として育つということ

1　子育てについて知りたいこと

　子どものうち，末子の年齢が 0 〜 6 歳である保護者1368人のアンケート調査に対する回答を図 5 - 1 に示しました。子育てについての悩みや不安の内容として回答割合が高かったものの中には，「しつけの仕方が分からない」「子供の健康や発達について悩みや不安がある」「子供の生活習慣の乱れについて悩

---

(3)　小池由佳（2003）「『子育て支援』の二つの側面──『少子化対策』と『親育ち』」『県立新潟女子短期大学研究紀要』40，33〜42頁。

(4)　株式会社インテージリサーチ（2021）「令和 2 年度『家庭教育の総合的推進に関する調査研究──家庭教育支援の充実に向けた保護者の意識に関する実態把握調査』報告書」44頁。

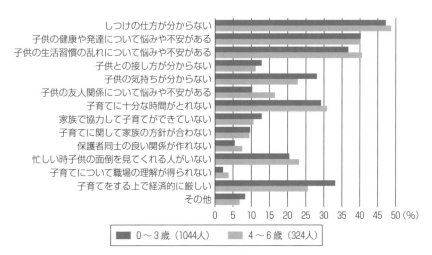

図 5-1　子育てについての悩みや不安の内容（末子の年齢別）

出所：厚生労働省受託調査（株式会社インテージリサーチ（2021）「令和 2 年度『家庭教育の総合的推進に関する調査研究——家庭教育支援の充実に向けた保護者の意識に関する実態把握調査』報告書」44頁）のデータをもとに筆者作成。

みや不安がある」「子供の気持ちが分からない」といった，子どもや子育てに関する知識が不足していることによるものも含まれていました。特に初めての子どもを育てている保護者の場合は，こういった知識の不足による不安は大きいでしょう。保育者には，専門家として保護者に不足している知識を伝え，悩みや不安を軽減するための援助を行うことが求められています。

2　親としての心理的発達

　親育ちは知識の面だけで見られるのではありません。子どもを持つことによる親育ち（心理的発達）には，表 5-1 のような様々な変化があげられています。[(5)]こうした心理的発達は，育児経験年数が長いほど，また子どもの数が多いほど促進されることも報告されています。また，「母親であることに生きがいを感じている」「母親であることに充実感を感じる」といったように，自身の親役

---

(5)　楠本洋子（2017）「親育ち尺度作成の試み——子育て支援の質的向上を目指して」『大阪総合保育大学紀要』11，157〜168頁。

表 5-1　親育ち尺度の因子名と質問項目例

因子名	質問項目例
自己の強さ	・物事に積極的になった ・多少他の人と摩擦があっても自分の主義は通すようになった
生き甲斐・存在感	・子どもへの愛情が深まった ・子どもへの関心が強くなった
協調性	・協力することの大切さが分かるようになった ・人との和を大事にするようになった
自己制御	・倹約するようになった ・思い通りにならないことがあっても我慢できるようになった
自分の親への感謝	・自分の親を尊敬できるようになった ・親への感謝の気持ちが増した
子どもに対する責任感	・環境問題（大気汚染・食品公害など）に関心が増した ・食事に使う食品の産地，原材料を気にするようになった
柔軟さ	・考え方が柔軟になった ・寛大になった

出所：楠本洋子（2017）「親育ち尺度作成の試み——子育て支援の質的向上を目指して」『大阪総合保育大学紀要』11，157～168頁の表をもとに筆者作成。

割に肯定的であることが，親育ちに影響しているという研究もあります。[6] 保育所等において，保護者が自身の親役割を前向きに受け止められるように支援することが，親としての心理的発達を促すことにつながります。

3　保護者及び地域の子育て実践力の向上につながる支援

① 保育所を利用している保護者に対する子育て支援

　では，実際に親育ちを促すためにはどのような支援を行うことがよいのでしょうか。保育所を利用している保護者に対する子育て支援に関して，保育所保育指針には，[7]「**保育の活動に対する保護者の積極的な参加**は，保護者の子育てを自ら実践する力の向上に寄与することから，これを促すこと」とあります。この記述に関して，保育所保育指針解説では，[8]「例えば，保護者が子どもの遊

---

(6)　楠本洋子（2019）「母親の『親育ち』が養育態度に及ぼす影響」『保育学研究』57(1)，114～125頁。

(7)　(1)と同じ，36頁。

びに参加することで，子どもの遊びの世界や言動の意味を理解したり，専門性を有する保育士等が子どもの心の揺れ動きに応じてきめ細かに関わる様子を見て，接し方への気付きを得たりする。また，他の子どもを観察したり，自分の子ども以外の子どもと関わったりすることを通じて，子どもの発達についての見通しをもつことができることもある。さらに，保護者が保育士等と共に活動する中で，自分でも気付かなかった子育てに対する有能感を感じることもある」と解説されています。

子どもの遊びに誘発されて，母親の遊び行動にも様々な育ちがみられます。高畑[9]であげられているものをいくつかまとめると，以下のようなことがあります。

①子どもと一緒に遊ぶことで，親自身も遊び心を取り戻すことができます。子どもの楽しい気持ちを共有して，肯定的にとらえることができます。

②他の親子の関わり遊びを見て，子どもが自分の保護者にも同じ遊びを求めることで，遊びの幅が広がります。

③子どもが赤ちゃん人形のお世話をする見立て遊びをしている様子を見て，保護者が普段の自分の行動を振り返ることができます。

④子ども同士の遊びを成立させるために，保護者同士が自然な形で協力し合うことがあります。子どもを楽しませようという保護者の主体的な気持ちによる行動が，保護者同士がつながるきっかけになります。

保護者の就労や生活の形態によって保育参観・参加が難しい場合もありますが，内容や時間を工夫してなるべく参加してもらうことで，保護者の親育ちが期待できます。

② 地域の保護者に対する子育て支援

保育所保育指針解説[10]では，保育所の特性を生かした地域子育て支援として，

---

(8) (2)と同じ，333〜334頁。

(9) 高畑芳美 (2018)「主体的な子育ち・親育ちのための子育て支援に関する研究——0，1，2歳児の親子の遊びを中心に」兵庫教育大学大学院連合学校教育学研究科博士論文。

基本的生活習慣や遊び，子どもとの適切な関わり方などについて具体的に**助言**したり，**行動見本**を実践的に提示したりすることや，親子遊びや離乳食づくり，食育等に関する様々な育児講座や体験活動，給食の試食会など，具体的な支援内容があげられています。定期的に行われる園庭開放や子育て広場，または様々なイベントの機会を利用して，保育者の持っている専門的知識を伝えたり，課題を抱えている保護者に気づいて話を聴き助言したりすることを通して，親育ちを促すことが求められています。

③ 他者とつながることの重要性

　厚生労働省による「子ども虐待対応の手引き」[11]には，「**自立**とは，何でもかんでも一人でやらなければならないということではないことである。自立するとは，できることは自分でし，できないことは人に頼れることといえる」という記載があります。子育てに当てはめてみると，保護者が一人で抱え込むのではなく，必要な時には他者による支援を受けながら，子育てしていけるようになることも親育ちの一環といえるでしょう。しかし，課題を抱える保護者の中には，他者とのつながりが少ない環境で子育てをしていたり，つながりを持つことに消極的だったりする人もいます。保護者の子育てを支える様々な人につなげていくことも，支援の視点の一つとして大切なことです。下記の事例は，ある子育て支援拠点で母親を他者につなげることができた取り組みです。

事例1　「すごろくトーク」で他者とつながったA子さん
　「毎週いろいろな子育て支援の拠点に行っているけど，なかなか友達ができない。だから帰り道，コンビニに行って甘いものを買って帰るんです」と話してくれるお母さん。
　子どもが生まれると，お母さんたちの環境は大きく変わります。たとえば，学生のときは同じ年齢の友達がすぐに見つかるけれど，子どもが生まれてから育児友達

---

(10)　厚生労働省（2018）『保育所保育指針解説』フレーベル館。

(11)　恩賜財団母子愛育会日本子ども家庭総合研究所（2005）『子ども虐待対応の手引き　平成17年3月25日改定版』有斐閣，15頁。

を見つけるのは至難の業です。なぜなら，話すきっかけがなく，相手がどんな人かわからず情報がないので友達になるのが少し不安だったり，友達同士で来ている人との輪の中には入れなかったりするからです。このような状態では育児友達はなかなか見つからないと考えて，ある拠点の活動にお母さんとスタッフで行う「すごろくトークタイム」[12]を導入してみることにしました。

　お母さんたち6人を誘い，スタッフも入って「すごろくトーク」を始めると，いつも一時預かりのみを利用していて会話の少なかったA子さんが，他のお母さんの話を聞いて笑顔で頷いている様子が見られました。後から話を聞くと，家ではまだ会話が成立しない子どもとの2人だけの生活で，気分が落ち込んでいたとか。A子さんはその後，スタッフを通していろいろな人と話をすることで表情も明るくなり，必要なときにはスタッフに頼れるようになってきました。

　子育て支援の場には，周囲の人と一緒に，気軽に他愛のないことでも話せる場所であることが求められているのではないでしょうか。保護者が様々な他者とつながり，そのつながりを通して親として成長していけるように，支援していきましょう。

---

(12)　すごろくの要領でコマを進めながら，自分のコマが止まったマスに書いてある話題について，グループのメンバーに話をする（本章のワークシート参照）。

> **復習課題**
>
> 近隣の保育所がどのような子育て支援を行っているか，広報やホームページ等で調べてみましょう。そして，その内容がどのような親育ちにつながっているか考え，文章にまとめてみましょう。

ワークシート　今回は，第３節でとりあげた「すごろくトーク」を題材に，ワークに取り組んでみましょう。

①　コマを用意し，下のすごろくを使って「すごろくトーク」に取り組んでみましょう。子育て経験がない人は，空想でかまわないので保護者の役を演じるつもりでやってみてください。一人でもよいですが，４人前後のグループでやってみるのがおすすめです。

| スタート | 自分の似合う色や好きな色を教えて | 小さい頃どんな子どもだった | イライラするのはどの時間 | 一番びっくりしたことは | 今ほしいものは | 子どものここが○○に似ている |

結婚してよかったことは

| 子どもの頃の好きな遊びは | 子どもが生まれて予想外だったことは | イライラ解決法を両隣の人に聞いてみよう | 変身したい？ |

小さい頃の夢は

ゴール

好きな食べ物を３つ教えて

あの頃の自分に一言

ラッキー　誰かに質問して

| お子さんに，必ずしていることは | 最近，うれしかったことは | 結婚して残念だったことは | ほっとするのはどの時間 | 小学生の頃の思い出は | 10年後のあなたは何をしている？ |

②　きりのよいところで「すごろくトーク」を終え（必ずしもゴールに着かなくてもかまいません），感想を書いてみましょう。子育て支援の場において，保護者が他の保護者や保育者と一緒に「すごろくトーク」に取り組んだら，どのような効果が期待できそうでしょうか。グループですごろくをした場合は，感想や考えたことを共有するのもよいでしょう。

出所：髙橋智子・渡辺俊太郎（2023）「構成的グループ・エンカウンターを用いた子育て支援の試み──TEA（複線経路等至性アプローチ）による母親の心情変容の分析」『大阪総合保育大学紀要』17，37〜48頁をもとに筆者作成。

第 6 章

保育者に求められる基本的態度

....

予習課題

自分に困り事があり，なかなか解決できないとき，どのような人になら相談できますか？　その人はどのような態度で相談に耳を傾けてくれる人ですか？　具体的に説明してみましょう。

1 保護者から選ばれること

　保育者は保護者との間に，保護者が相談しやすい関係性を構築することに努める必要があります。「いつでも相談にのりますよ」と意思表明することはもちろん重要ですが，実際にその保育者に相談するか否かは保護者が決めることです。保護者が**相談したい**と思わなければ相談は生じず，必要な支援ができないこともあります。保育者がその保護者を支援する必要があると思ったり支援したいと思ったりしても，保護者から拒絶されてしまっては実際には支援することができないのです。子どもに対しても同様です。子どもたちに対して「私が担任なので安心してね」「頼っていいからね」と言っても，抱っこもさせてくれない，着替えも嫌がられてしまう，困ったことがあっても助けを求めてこないといった状態では，担任として子どもとかかわることは十分にはできません。子どもがその担任を信頼し，大好きであり，その保育者といろいろなことを一緒にしたいと思ってくれたならば，保育者は子どもとかかわることが許され，保育ができるようになります。

　加えて，保護者との関係性は，子どもとのそれより少し複雑な時があります。保護者は保育者に対して，「子どもを預かってもらっている」からそれなりにやりとりをしているだけで，頼ってもいないし相談したいとも思っていないという認識でいることがあります。保護者のそのような状態に気づかずにいると，クレームや要望などを表出せず，毎日笑顔で挨拶してくれるからきっと保護者から信頼を得ているだろうと保育者が勘違いをしてしまいます。保護者は子どもと違ってあからさまに嫌悪したり泣いて拒否したりしないですし，保育者に対して「先生お願いします」「ありがとうございました」などと挨拶をするでしょう。保育者が保護者との関係性の本質を見抜けていないと，家庭が持っている課題に気づかずに過ごすことになりかねません。そうならないために，保護者が自ら保育者に相談できるような関係性づくりが必要なのですが，保護者との関係性は友人とのそれとは異なります。保護者から選ばれる保育者

であるために，どのように**信頼を構築**していけばよいか，考えていきましょう。

2　保育者がとるべき態度の原則

1　保育者がとるべき態度の指標

　保育者がとるべき態度の指標となるものとして，対人援助の原則「バイステックの7原則」（表6-1）を紹介します。保護者とかかわる際にこの原則を参考にして信頼を構築していくことで，保護者から選ばれる保育者として相談してもらったり，支援することが可能となったりします。

2　「バイステックの7原則」の実践への活用

①　個別化の原則

　保育現場では似たような困り事を抱えている人に出会うことがありますが，個人にとってはその困り事は今まさに自分を悩ませる唯一の出来事であると感じていることが多いです。保育者が保護者に対し，「子育て中にはよくあることですよ」「1歳児はそうやって自分中心なので親はイライラするものですよ」などと返答すれば，保育者が「子育て中の人」「1歳児の親」をひとくくりにして，自分のことを見つめてくれていないという印象を保護者に与えます。まずは，その個人に生じたその出来事や悩みを他と比較したり系統立てたりせずに耳を傾けましょう。そして，「よくあること」「そういう悩みを持つ人は多くいます」と返答するのは，「同じような悩みを抱えている人の話を聞きたい」などと解決に向けた力が保護者自身に湧いてきたときにしましょう。

②　受容の原則

　困り事に対する困難の程度や問題が生じたときの感じ方は人それぞれです。その人がその問題をどうとらえ，どのように困っているのか，まずは**その人の**

表6-1　バイステックの7原則

① 個別化の原則（ひとりの個人として捉える）
② 受容の原則（価値ある人間として受け止める）
③ 意図的な感情表出の原則（感情を表出し解放できるようにする）
④ 統制された情緒的関与の原則（共感する）
⑤ 非審判的態度の原則（一方的に非難しない）
⑥ 自己決定の原則（自分で選択して決定できるようにする）
⑦ 秘密保持の原則（秘密を守る）

出所：F.P. バイステック／尾崎新ほか訳（2006）『ケースワークの原則——援助
関係を形成する技法（新訳改訂版）』誠信書房をもとに筆者作成。

感じ方に耳を傾けましょう。

③　意図的な感情表出の原則

　個人に生じている感情は，それが**負の感情**であっても表出できるようにしましょう。表出しやすくするために，相談者の感情に合わせるような頷きや表情で応じるようにしましょう。

④　統制された情緒的関与の原則

　保育者は相談者である保護者に寄り添い受容しますが，過度な感情移入は避けましょう。相談者の話を傾聴しているうちに感情が動き，ピアな関係になってしまうこともあります。ときとして，保育者と保護者が，子どもを真ん中に困り事の当事者同士となってしまうことがあるので，保育者は，**自分の感情の動き方**には気をつける必要があります。

⑤　非審判的態度の原則

　保護者個人の話に対して，良し悪しを決めたり，改善したか否かを伝えたりするのは不適切です。保護者は判定や判断をしてほしいのではありませんし，保育者は，判定などもできません。審判しない態度を心がける必要があります。

---

(1) 同じ苦しみや痛みを経験する仲間のような関係。

⑥　自己決定の原則

　相談者は悩んだり迷ったり，判断しにくい状況であるかもしれませんが，自分がどう在りたいか，どう行動するかは相談者**本人が決める**ことです。これまでのプロセスをまとめたり，相談者の気持ちを代弁したりしながら，その人が決められるようにサポートしましょう。

⑦　秘密保持の原則

　相談にかかわることで知り得たことすべては，他に話さないことが前提で，相談者は安心して相談し，自己開示しています。それは相談者との約束事ですので，裏切ることのないようにしましょう。支援に必要な情報の共有については，子どもの最善の利益を考えながら慎重に行いましょう。

3　実際の支援で課題となること

　実際に支援をしていく中で，次の①〜③のような場面の課題が考えられます。

①　受容していたら疲れ切ってしまった

> 　保護者の話に耳を傾け，寄り添い，受け止めているうちに，しんどくなってきてしまいました。できればもう相談にのりたくないと思ってしまいます。保育者として失格でしょうか。

　これは，入職して1年目の保育者が園長先生に相談したものです。このような内容の相談や悩みは少なくありません。
　前節の「保育者がとるべき態度の原則」を活用しながら懸命に受容していたら，バーンアウト[(2)]してしまったのかもしれません。保育者が子どものありのままを受け止め，寄り添うように，保護者にも同様な心もちで対応していると，

---

(2)　それまでの意欲や情熱が急に燃え尽きたように失われてしまうこと。

たとえば保護者の個性や疾患などにより，依存されてしまったり，問題を解決しないまま今の関係性が心地良いと感じていたりする保護者に対しては，支援の成果が見えず，保育者側が疲れ切ってしまうことがあります。支援は一人で担うものではありません。自分一人が対応し続けたり，責任を負い続けたりすることは避け，組織で役割分担してかかわりましょう。

② アドバイスしたら目を合わせてくれなくなった

> 子どもの個性について保護者に伝え，他の専門機関と連携することを提案したら，目も合わせてくれなくなり，避けられている感じがします。

　子どもの個性について保護者と共有したり，必要な他の専門機関と連携したりすることは，適切な方法です。しかし，子どもの最善の利益を実現するための保育者の「子どものため」という気持ちを強く主張することで，保護者を悲しませたり不快にさせたりすると，支援が進まなくなります。いち早く子どもにとって良い環境を整えようとして，結果的に子どもの最善の利益が実現しないこともあります。保護者に，保育者としての専門的支援や考え方が伝わっているのかを確認していく必要があります。
　また，保護者が抱いている「普通」が定型発達[^3]の育ちだとしたら，個性と障害についてその保護者と話す機会を設けましょう。さらに，行事が定型発達の子どもばかりが活躍できるような内容になっていないかということも，検証しましょう。

③ 個人情報なので教えられない

> 虐待が疑われるので公的な専門機関に連絡して保護者の情報を共有してほしいと依頼したが，個人情報なので共有できませんと言われました。

[^3]: (3) 合理的配慮を特に必要としない発達の状態。
(4) 支援に必要な情報を共有し役割分担して支援するためにつながり合っていること。

　これは，他機関と**ネットワーキング**(4)して支援しようと考えた保育者が，役所の担当課やこども家庭センター，家庭児童相談室などに連絡した際に生じたものです。

　子どもや保護者の情報について，それぞれの機関で守秘義務がありますから，やみくもに情報共有を求めても，拒否されてしまいます。情報共有する際の決まりを理解しておきましょう。地域には，支援ネットワークを形成し，子どもとその家族を支援する仕組みとして，要保護児童対策地域協議会（要対協）というものがあります。要対協では，虐待等，保護が必要と思われる子どもや，支援が必要な家族について情報を共有し，多機関が連携をして家族支援に当たるために会議を行います。虐待が疑われる場合には，市町村の虐待対応窓口に連絡をし，要対協のケースとして扱ってもらいましょう。また，保育者（保育所）も要対協のメンバーとして会議に参加しましょう。そうすることによって，一般通報者としてではなく，「児童福祉の専門機関である保育所」として，他の機関と適切に情報共有することが可能となります。それなりに他機関が動くためには，虐待の事実（あざ，傷など）の提示が求められることが多く，あざや傷を見つけたタイミングではすでに対応が遅いこともあります。予防接種をうけていない，子どもが大人のしぐさを怖がるなどといった気になることがある時点で，ネットワーキングすることも重要です。

　「虐待通報」をするほどではないという場合には，保護者に対し，その子どもと家庭の支援を行いたいという保育者の意向を伝え，保護者からの了承を得たうえで，関係機関から情報を得るようにしましょう。それが困難な場合は，保護者が信頼できる第三者（友人や親戚など）の仲介を得て，支援機関に繋げるようにしましょう。

　また，地域の専門機関とは，日ごろから交流し，連携の在り方などについても話し合っておきましょう。そうすることによって，いざというときにスムーズな連携を行うことができます。

　次にみるのは，支援の中で実際に保育者が直面した場面とその振り返りです。

事例　排泄の自立が遅い子どもへの支援

　新入園児4名のおむつが取れていませんでした。おむつが取れていないのは子どものせいではありません。羞恥心も出てきている4名の子どもの排泄援助について，園全体で話し合いました。子どもの気持ちを大事にしながらなるべく早くおむつを取るために，子どもの発達状況，家庭環境，性格などを考慮し，ありのままを受け入れることから始めることになりました。4名とも，排泄に関する身体機能の発達は整っているのに，大人の適切な援助がないためおむつが取れていない状況を確認し，園では，全員パンツで過ごすことにしました。保護者にも経緯を説明し，着替えを多めに準備してもらうことにしました。床や園庭におもらししたとき，速やかに処理できるように「おもらしセット」を複数の場所に配置し，着替えは他児の目に入らない場所で行うようにしました。日中は勿論ですが，延長保育時間帯もパンツで過ごさせ，全職員が対応するようにしました。保護者には，園でのやり方を説明し，なるべく同じやり方でやってほしいと伝え，強制はしませんでした。おもらしをしても叱らないこと，パンツは子どもと一緒に買いに行き子どもの好きなものを選ばせることなどをアドバイスしました。

　このようなやり方で，トイレトレーニングを始めた結果，家庭でも同じやり方で進めた2名の子どもは，1週間でおむつが取れました。家庭での協力が得られなかった2名の子どもは，1か月以上かかりました。そのうちの1名は，園ではパンツで過ごしまったくおもらしをしなくなっても，降園時に保護者がおむつをはかせ，家庭ではおむつで過ごす日々が続いていました。クラスにおむつの子どもがいなくなり，保護者は焦って家庭でもパンツで過ごさせようと試みたようですが，今度は子どもがおむつで過ごしたいと強く自己主張し，パンツにすると，おもらしをするようになり，完全におむつが取れるまでに2か月かかりました。この間，子どもは情緒不安定になり，友達と遊べない姿が目につくようになりました。

　再三，保護者に助言はしましたが，部屋が臭くなるのが嫌など，まったく聞く耳がなく，保護者の自己決定を尊重して見守るようにしました。結果的に良い方向には向かわず，もう少し，子どものために積極的な援助が必要だったと反省しました。

　赤ちゃんは，全員，おむつをしています。排泄が自立していない子どもは，自分の体を清潔に保つためにおむつをしていますが，部屋を汚さないようにしたいという大人の都合や便利さのために年齢が高くなってもおむつをさせられ

ているケースもあります。排泄の自立は子どもの生理学的な成熟を待たなけれ
ばいけません。脳，内臓の排泄機能が発達する 2 歳になる少し前にトイレト
レーニングを始めると短期間におむつが取れます。パンツに「おしっこ出た」
と，子どもがおもらしを事後的に告知する段階にあるとき，衣類や部屋を汚さ
れることを嫌がる大人は，「おしっこしたい」と予告するまで，おむつを取り
たがりません。子どもは適切な時期に働きかけると，短期間でおむつが取れ，
衛生的かつ活発に動き廻ることができて自信につながります。基本的生活習慣
の自立に向けての活動は園と家庭が同じ歩調で進める必要があります。本事例
のように保育者が保護者の自己決定に委ねすぎて，良い方向に向かわないこと
もあるので，標準的なトイレトレーニングを逸した子どもについては，特別な
配慮のもとで，保護者の気持ちにも寄り添いながら，ケースバイケースで子ど
もの状況に応じたトイレトレーニングを進めていくことも求められます。

参考文献

植木信一編著（2024）『改訂　保育者が学ぶ子ども家庭支援』建帛社。

小川晶（2014）『保育所における母親への支援——子育て支援をになう視点・方法分
　　析』学文社。

中島健一朗（2021）「バイステックの 7 原則」中坪史典ほか編集委員『保育・幼児教
　　育・子ども家庭福祉辞典』ミネルヴァ書房，581頁。

F.P. バイステック／尾崎新ほか訳（2006）『ケースワークの原則——援助関係を形成
　　する技法（新訳改訂版）』誠信書房。

（復習課題）

普段の人とのかかわりで相手の困り事や相談を聞くときがあると思います。そのと
き，保育者がとるべき態度の原則として本章で紹介した「バイステックの 7 原則」
を活用するとしたら，どのようなことが考えられるか別紙に書き出してみましょう。

ワークシート 本章の内容を踏まえて，以下の設問に答えましょう。

① 保育者は保護者と，どのような関係を構築すべきでしょうか。

② 上記①の関係を構築するために，保育者がとるべき態度をまとめましょう。

第 **7** 章

家庭の状況に応じた支援

....

予習課題

こども家庭庁のホームページ（https://www.cfa.go.jp/top/）にアクセスし，「資料」ページから各種統計調査一覧を閲覧してみましょう。様々な統計調査がありますが，この中から現代の子どもと家庭の状況を示す資料を探し，子どもと家庭に関わる問題についてあなたが特に関心のあるテーマを 3 つほど抜き出してください。

....

....

....

....

....

....

....

1　多様化する家族問題の理解とその支援

　保育所保育指針[1]によれば，保育士は，子どもに発達上の課題が見られる場合や，ひとり親家庭，貧困家庭，外国籍家庭等，特別な配慮を要する家庭の場合，状況に応じて個別の支援を行うように努めることとされています。そのため，多様な家族を支援するための家族理解や支援方法，関連する社会資源について知る必要があります。この章では，現代の家庭を取り巻く問題として，**子どもの障害，ひとり親家庭，貧困**の問題の具体的な支援の方法をみていきます。

2　障害のある子どもとその家族

1　障害のある子どもの受け入れ状況

　現在，多くの保育所で障害のある子どもの受け入れが行われており，中でも**発達障害**のある子どもの受け入れの割合が高くなっています。日本保育協会による，保育所における障害児等の受け入れに関する調査[2]によれば，調査に回答した保育所のうち6割（60.0％）に障害のある子どもが在籍しています。障害種類の割合をみると，「自閉症（35.4％）」「知的障害（19.8％）」「ADHD（14.5％）」「肢体不自由（7.6％）」「聴覚障害（1.9％）」「LD（1.6％）」「視覚障害（0.7％）」となっており，自閉症やADHD，LDの発達障害が半数を占めています。

　発達障害は，脳の機能障害とされ，本人の特性と周囲の環境とのミスマッチにより，社会生活に困難を抱えます。ただし，周囲からその特性が見えにくい

---

(1)　厚生労働省（2017）「保育所保育指針」（https://www.mhlw.go.jp/file/06-Seisakujouhou-11900000-Koyoukintoujidoukateikyoku/0000160000.pdf　2023年9月15日閲覧）。

(2)　社会福祉法人日本保育協会（2016）「保育所における障害児やいわゆる『気になる子』等の受入れ実態，障害児保育等のその支援の内容，居宅訪問型保育の利用実態に関する調査研究報告書」（https://www.nippo.or.jp/Portals/0/images/research/kenkyu/h27handicapped.pdf　2023年10月1日閲覧）。

ため，「わがまま」や「扱いにくい」といった評価を受けてしまうことがあります。また，子どもとの関わりで悩む保護者が，周囲から「親のしつけが悪い」とさらに追い詰められてしまうこともあります。保育士は，子どもの障害とその対応について正しく理解したうえで，保育所全体で共通理解を持ちながらその子どもを受容し，保護者を支えるとともに，周囲の子どもや保護者の理解を促していくことも大切です。

2　障害のある子どもの家族への支援

　障害のある子どもへの支援を行う際には，家族と保育所が連携し，子どもの周囲が，子どもの障害を受け入れ，一貫した適切な対応を行うことが必要です。保育士は，日々保護者と顔を合わせ，相談に応じたり助言を行ったりする中で，保護者の思いを受け止めながら信頼関係を築き，保護者が我が子の障害を受け入れていく過程に寄り添います。

　障害のある子どもと親のライフサイクル[3]を踏まえ，その中でも保育士は次のライフステージの重要性を理解することが重要です。乳幼児健康診査等で専門病院を紹介されたときや，子どもの障害がわかったとき，あるいは小学校入学時の就学前健診や，小学校選択の時期等は，特に丁寧に保護者に寄り添います。場合によっては個別面談の機会を設け，子どもの育ちを共有していきます。またその中で，かかりつけ医や保健センター，児童発達支援センター等の関係機関と連携しながら子どもと保護者を支えていきます。

　保護者が子どもの障害を受け入れていく過程には，様々な要因が関わりますが，特に，我が子の受容，家族の問題の受容，親自身の人生の受容，社会受容の4つの要因[4]が関わります。我が子の受容とは，子どもの現状への理解や子どもの人生を受け入れること等です。家族の問題の受容は，障害のある子どもの

---

(3)　佐鹿孝子（2007）「親が障害のあるわが子を受容していく過程での支援（第4報）：ライフサイクルを通した支援の指針」『小児保健研究』66(6)，779～788頁。

(4)　佐鹿孝子（2007）「親が障害のあるわが子を受容する過程におけるライフサイクルを通した諸要因の関連と支援」『大正大学大学院研究論集』31，245～262頁。

きょうだいを指す「きょうだい児」との関係や，家族間の理解等があります。親自身の人生の受容は，親の思いや親自身の生活，親の加齢や健康に関わる問題等があります。最後に，社会受容については，教育の保障，地域社会の理解と協力等があります。こうした要因がきちんと親の中で受容されてこそ，子どもへの理解と適切な対応が生まれます。

> **事例1　重い障害のあるAくんと両親に寄り添う中で育まれた温かいつながり**
>
> 　重い障害のあるAくんは，1歳児クラスで保育所に入所しましたが，当初，慣らし保育では大泣きし，給食も食べてくれず，両親はとても心配していました。しかし，徐々に保育所の生活に慣れていくにつれ，担任保育士，周囲の子どもたちのつながりの中でたくましく成長し，保育園を巣立っていきました。両親は，周囲の子どもたちと過ごすAくんの様子を目にする中で，成長した姿や集団と一体になる姿に感動し，「子どもの成長に一喜一憂せず，周りの子どもたちと，今をいかに楽しく過ごせるか」に目を向けられるようになったそうです。卒園文集に寄せられた両親の言葉には，周囲の子どもたちと一体になって取り組んだ行事の思い出等が綴られ，担任保育士や周囲の子どもたちを「Aの良いところ，あかんところ全部を受け入れてくれる仲間」と表現しています。さらにそのような安心できるつながりの中で，「親としても，Aと一緒に成長させていただけました」と振り返りました。

　安心できる関係の中で，たくましく成長したAくんと，彼を温かく見守るご両親の姿からは，障害のある子どもとそのご家族に寄り添う際に，保育士が大切にすべきことが伝わってきます。子どもの成長を共有し，ともに喜び合える保育士がいることで，子育てへの不安や孤立感ではなく，子どもの成長をゆったりと見守ることができる心の余裕が生まれ，我が子の障害の受容につながったと考えられます。

3　ひとり親家庭

1　多様化する家族形態とひとり親家庭の状況

　厚生労働省の2021（令和3）年の調査によると，ひとり親家庭の数は134.4万世帯にのぼり，その中で母子世帯数は119.5万世帯，父子世帯数は14.9万世帯と，ひとり親世帯の88.9％が母子世帯であることがわかっています。

　同調査から，**母子家庭**の半数以上が200万未満の世帯年収で生活しており，経済的にも苦しい状況に置かれていることがわかっています。就業状況では，母子家庭の8割が就労していますが，そのうち47％はパートや派遣社員等の不安定な職であることがわかっています。ひとりで子育てをしながら働こうとすると，時間の融通が利くアルバイトやパート，非正規の職につかざるを得ないため，結果として，安定した収入や社会保障を得ることが難しくなったり，不景気になると職を失ったりすることが懸念されます。

　ひとり親家庭の抱える困難として，「所得」と「時間」のリスクがあります。所得のリスクとは，前述の通り，不安定なパートやアルバイトで生計を立てなければならないため，所得が相対的に低くなる傾向にあることを指します。時間のリスクとは，子どもとの時間が持てない，自分の時間が持てない，常に時間に追われているといった時間的余裕のなさを示します。たとえば，子どもと朝食を一緒にとる時間が，ひとり親家庭では少なくなる傾向が指摘されています。これには，親が仕事の都合で朝不在だったり，自分の睡眠や食事の時間を朝削って他の活動（朝まとめて家事をする等）に充てたりしているといった背景

(5)　厚生労働省（2021）「令和3年度全国ひとり親世帯等調査結果報告」（https://www.cfa.go.jp/assets/contents/node/basic_page/field_ref_resources/f1dc19f2-79dc-49bf-a774-21607026a21d/9ff012a5/20230725_councils_shingikai_hinkon_hitorioya_6TseCaln_05.pdf　2023年12月1日閲覧）。

(6)　鳥山まどか（2019）「ひとり親世帯の貧困」松本伊智朗編集代表『生まれ，育つ基盤──子どもの貧困と家族・社会』明石書店。

があります。また，ひとり親家庭では，親が病院や歯科医院を受診する等，自分の心身の状態を保つための時間が削られる傾向も指摘されています。このように，時間的にも余裕がなく逼迫した状態に陥りやすいことがうかがえます。

② ひとり親家庭への支援

　保育所におけるひとり親家庭への支援としては，保護者の持つ個別のニーズに細やかに対応することが求められます。毎日の送迎で顔を合わせる中で，ちょっとした雑談から家庭の状況がうかがえることもあるため，そうした何気ない会話も保護者や家庭を理解するための手立てとしていきます。家庭の中の情報はとてもデリケートであるため，保護者からすると，家庭のことに安易に踏み込まれたくない気持ちがあることも考えられます。そのため，対応にあたる際は保護者の気持ちに十分に配慮することが必要です。個々の家庭の状況についてはプライバシーを尊重し，子どもの最善の利益に反する場合を除いて，保育の中で得た家庭の情報を外に漏らすようなことはないように気をつけましょう。

　ひとり親世帯の幅広い勤務形態やライフスタイルを支援する手段として，延長保育，夜間保育，休日保育，病児保育・病後児保育等を実施している保育所もあります。一時預かり事業やファミリーサポートセンター等の子育て支援事業との連携も考えられます。保育士は周辺地域の状況を把握し，必要に応じてこうした社会資源との連携を図りながら，子どもと保護者を支えていきます。

事例2　関係機関の連携によるひとり親家庭への包括的な支援
　もともとは，父，母，兄妹の4人暮らしの家庭でしたが，父のアルコール依存やギャンブル依存，さらに母親への暴言等から，兄妹が5歳と3歳のとき，両親が離婚しました。離婚と同時に，母親は子どもを連れて家を出て，婦人相談所の一時保護へ避難しました。家を出るに至るまでに，母親は子どもたちの通う保育所の保育士に様々なことを相談しました。保育所側は，母親に寄り添うとともに，行政に相談し，要保護児童対策地域協議会の個別支援会議でも，ケース検討を行い，対応を

協議しました。そして、児童相談所、婦人相談所との連携のもと、家を出る日の設定、弁護士への相談、警察との連携も行いました。その後、行政の支援のもとで、母親と子どもたちは母子生活支援施設へ入居し、子どもたちは別の保育所へ通うこととなったため、新しい保育所への引き継ぎを行い、支援は終結しました。一連の支援や関係機関との連携において、保育所は、園長、主任等の管理職と、担任保育士とで役割分担を行いながら母子に関わりました。担任保育士は、何よりも子どもたちの不安を支えられるように安心できる関わりを心がけ、丁寧に子どもたちの心に寄り添いました。

　本事例は、両親の離婚の背景にDVが疑われ、子どもたちと母親の安全な環境への保護が最優先とされました。子どもたちと母親が安心できる環境で暮らせるようになるまで、保育士が身近で安心できる存在として母親と子どもたちを支えました。ときとして保育所は、このような子どもの生活や安全が脅かされかねない状況への支援を行うこともあります。そのような場合は、何よりも子どもの最善の利益を念頭に、保育所全体で支援の体制を築くとともに、関係機関との連携のもと支援を行うことが必要になります。

4　貧困状態にある家庭

1　子どもの貧困とその実態

　厚生労働省による「国民生活基礎調査」(7)（2018年時点）において、所得水準等に照らして貧困の状態にある18歳未満の割合を示す子どもの相対的貧困率が14％に達し、約7人に1人の子どもが相対的貧困状態にあるということが社会問題として大きく報道されました。後年の同調査(8)（2021年時点）では、相対的

---

(7)　厚生労働省「2019年国民生活基礎調査の概況」（https://www.mhlw.go.jp/toukei/saikin/hw/k-tyosa/k-tyosa19/index.html　2023年10月1日閲覧）。

(8)　厚生労働省「2022年国民生活基礎調査の概況」（https://www.mhlw.go.jp/toukei/saikin/hw/k-tyosa/k-tyosa22/index.html　2023年10月1日閲覧）。

貧困率は11％に下がりましたが，依然として高い水準にあります。また前節で
みたように，ひとり親家庭と貧困の問題は大きく関連しており，ひとり親世帯
の貧困率は半数近くにのぼります。

　貧困状態にある子どもたちにとっては，保育所・幼稚園・学校といった，日
中多くの時間を過ごす場所がセーフティネットとなるため，子どもの様子を見
逃さず，適切な支援を行うとともに，安心できる場を作っていくことが重要で
す。貧困については，周囲と比べて引け目を感じたり，恥ずかしさを感じたり
している場合もあるため，子どもが自分からSOSを出すことは容易ではあり
ません。そのため，周囲の大人の気づきが重要となります。気づきのポイン
ト[9]としては，子どもの様子（体のサイズに合っていない衣服を着ている，空腹を訴
える，無気力である，ぼーっとしている等），保護者の経済状況（必要な持ち物を持
参しない，購入をためらう，負担金の納入が滞りがちである等），生活の状況（保護者
が長時間働いており，子どもの生活リズムが崩れている等）があります。こうした気
づきをもとに，園内で十分協議し，必要に応じて子どもや保護者に個別の支援
を行います。

②　貧困状態にある家庭と子どもへの支援

　保育所における支援としては，何か問題が起こってから対応するのではなく，
日頃から，保護者が悩みを打ち明けられるよう，信頼関係を築いておくことが
何よりも重要です。そして日頃の関わりの中で保護者の困りごとを把握した際
は，次のような流れで対応を行います。[10]まずは保育士の気づきや保護者からの
訴えに基づき，園内での情報の共有を行い，対応を検討します。保育所として
とり得る対応としては，衣服の貸与，給食を多めにする等の配慮，外部の社会
資源等の情報提供，家庭訪問等アウトリーチによる支援といったものがあげら

---

(9)　社会福祉法人全国社会福祉協議会・全国保育士会（2017）「改訂　保育士・保育教諭として，子ども
　　の貧困問題を考える——質の高い保育実践のために」（https://www.z-hoikushikai.com/about/siryo-
　　box/book/hinkon220629.pdf　2023年10月4日閲覧）。
(10)　(9)と同じ。

72

れます。保護者のニーズに応じて，専門的な相談窓口の情報提供が必要になる
ことも考えられます。関係機関として，児童相談所，福祉事務所，市町村の保
健センター，社会福祉協議会，民生委員，児童委員，ボランティア，市民活動
グループといったものがあげられます。こうした機関につないだ後も，保育所
での関わりを通して経過を見守り，関係機関と連携しながら情報を共有し，家
族への支援の拠点として子どもと保護者を支えていきます。

参考文献
秋田喜代美・馬場耕一郎監修（2018）『保育士等キャリアアップ研修テキスト　保護者
　　支援・子育て支援』中央法規出版。
松本伊智朗編集代表（2019）『生まれ，育つ基盤——子どもの貧困と家族・社会』明
　　石書店。

[復習課題]
多様化する家庭のニーズの中で，特に配慮を必要とする「障害のある子どもとその
家族」「ひとり親家庭」「貧困状態にある家庭」の中から，あなたが最も関心のある
テーマを選び，その支援の方法を具体的に提案してみましょう。

ワークシート 次の事例を読み，以下の設問について考えてみましょう。

　Cさんは保育所に２歳と４歳の兄弟を預ける母親です。昨年夫と離婚し，仕事と２人の子どもの育児を行っています。最近，保育所への送迎時間が不規則になっており，昼前になってようやく子どもを保育所に送ってくることや，お迎えの時間を過ぎても現れず，保育所から連絡をするようなことが増えています。４歳の兄の担任のT先生が送迎の際に家庭の様子を聞くと，家計が苦しく仕事をかけ持ちしているため，忙しく生活が不規則で，子どもたちの生活リズムも乱れ，食事もインスタント食品等でなんとか済ませる等，仕事と育児の両立に困難を抱えている状態であることがわかりました。

① Cさんの抱えるニーズ（生活の中で課題となっていること，支援が必要なこと）とはどのようなものでしょうか。考えてみましょう。

② 保育士としてCさんの家族をどのように支えていけばよいでしょうか。関係する社会資源との連携を含めて考えてみましょう。

第 **8** 章

地域資源の活用と自治体・関係機関等との連携・協働

予習課題

地域資源を活用した保育（例：高齢者施設の高齢者と園児との交流，地域のお祭り
に園児が参加する等）について，保育所のホームページや新聞記事などを検索し，
３例選び，概要とその取り組みの意義を考察し，Ａ４用紙１枚程度でレポートして
ください。

1　地域資源の活用

① 地域資源を活用した保育

　みなさんは,「地域連携保育」という言葉を聞いたことがあるでしょうか。子どもが地域住民と触れ合うことや地域社会での生活体験を通して行われる保育を指します。2018(平成30)年に改訂された保育所保育指針の第2章「保育の内容」における2「1歳以上3歳未満児の保育に関わるねらい及び内容」の(2)「ねらい及び内容」には,ウ「環境」に「近隣の生活や季節の行事などに興味や関心をもつ」という内容に関する記載や,「地域の生活や季節の行事などに触れる際には,社会とのつながりや地域社会の文化への気付きにつながるものとなることが望ましいこと。その際,保育所内外の行事や地域の人々との触れ合いなどを通して行うこと等も考慮すること」という内容の取扱いに関する記載が見られます。

　こうした方針を踏まえ,様々な地域連携保育が実施されています。大別すると,①地域の環境や自然,②地域の人々による祭りや活動,③地域の小・中・高・大学生・未就園児・年配者との交流,④園相互の交流があります。具体例をあげると,①は地域の田んぼへ出かける,保護者と潮干狩りに行くなどが見られます。②は老人会と餅つきをする,地域住民の指導を受けてお茶をたてるなどが見られます。③は小学生と節分の豆まきをする,職場体験の中学生と虫取りをするなどが見られます。④は幼稚園と保育所の交流,2園が合同で探検遊びをするなどが見られます。

---

(1) 香崎智郁代(2020)「保育現場における地域連携保育の現状と課題」『紀要 visio: research reports』50, 49～54頁。

(2) 厚生労働省(2017)「保育所保育指針」(https://www.mhlw.go.jp/web/t_doc?dataId=00010450&dataType=0&pageNo=1　2023年10月4日閲覧)。

(3) 田口鉄久(2017)「地域連携保育の教育的意義と課題」『鈴鹿大学短期大学部紀要』37, 115～124頁。

　地域資源を活用した保育を行うことで，子どもが様々な世代の地域住民と交流する機会となり，家庭や保育所の中だけでは経験できない文化的行事に親しみ，豊かな生活体験を得ることにつながります。

❷　地域資源による家庭支援

　何らかの困り事を抱えた家庭がある場合に，地域資源を活用することも有効です。たとえば，共働きで長時間勤務の保護者がいます（依頼会員とします）。保護者の親，つまり子どもにとっての祖父母は他県にいたり，他界していたりし，保護者の残業時に，子どもの保育所へのお迎えをお願いすることができません。周囲には，お迎えを頼める知人や親せきもいません。そのような場合に利用できるサービスの一つとして，**ファミリー・サポート・センター**（**子育て援助活動支援事業**として実施）に相談し，子どものお迎えが可能な近所の方（提供会員）を紹介してもらうというものがあります。提供会員は，子どもを保育所に迎えに行き，その後は提供会員の自宅で子どもと一緒に遊んだり，場合によっては夕食を一緒に食べたりします。保護者が迎えに来たら，子どもを保護者のもとに帰します。共働きの保護者と提供会員とは近所に住む地域住民同士のため，その後，家族ぐるみの付き合いに発展することもあります。[(4)]

　ファミリー・サポート・センターは，地域住民同士を結びつけ，子どもが地域の中で見守られながら育つことを支えます。また，「実家」が近くにない保護者に対して，提供会員が「実家」代わりとなり，育児相談を受けたり，育児モデルを提供したりすることにもつながります。

　地域は，住民から専門職まで，子どもと家庭の力になりたいと願う多様な人々や組織の宝庫です。その力添えを得て，地域全体で子どもと家庭を見守り支援する風土を醸成していくことが求められます。

---

(4)　こども家庭庁「ファミリー・サポート・センターのご案内」（https://www.cfa.go.jp/assets/contents/
　　node/basic_page/field_ref_resources/e18b0699-53bd-4d02-bd42-f7ebb30c362b/6332207c/20231221_policies_
　　kosodateshien_family-support_07.pdf　2024年2月17日閲覧）。

2 自治体・関係機関等との連携・協働

　家庭がより複雑な問題を抱えている場合はどうでしょうか。本節では事例を見てみましょう。

1　市の発達相談室への相談につながった事例

事例　保育士の仲介により他機関のサービス利用が円滑に行われた事例

　年中クラスのＡくんは，初めて行うことに対してとても警戒心が強く，また，プライドが高い子どもでした。母親にとっても，第一子で初めての経験が多いため，Ａくんの保育所での生活を心配していました。

　Ａくんの担任保育士は，Ａくんのこだわりが強く，絵本を座って見ることができない，集団から離れて行ってしまうという行動が気になっていました。当初は話しかけても知らんふりをしたり，うなずいたりする程度でした。集団においても，Ａくんは，気持ちを切り替えることが苦手で，壁を向いて座り込んで動かないことがありました。また，できないことがあると悔しい気持ちになり，その姿を他の園児に見られたくないため，一人で挑戦している姿も見られました。

　担任保育士がＡくんと個別でしっかりと関わるにつれ，名前を呼んでくれたり，話をしてくれたりするようになりました。様子を見守ったり，気持ちを代弁したり，Ａくんの好きな活動を展開したりしながら，友達同士のやりとりの仲介や気持ちの切り替えの促しなどを行いました。また，園長の助言を受け，Ａくんが「失敗」と受け止めないような言葉かけも行いました。くしゃくしゃの折り紙を前に気持ちが沈みそうなＡくんに対し，「この作品も素敵だね。次はこの色で作ってみたら？」と，自然な流れで次の作品づくりの提案をするなど，Ａくんの認知の側面にも配慮を行いました。このような関わりを意識的に行う中で，信頼関係が徐々に深まりました。

　一方で，母親とのやりとりにおいては，当初はＡくんに特別なニーズがある可能性について働きかけてもなかなか届きませんでしたが，Ａくんの様子を丁寧に伝え続けることで徐々に母親が変化し始めました。具体的には，日頃からＡくんの様子を細やかに報告する中で，母親が保育参加を行った際に，Ａくんのことを落ち着き

がない，他の子と違うのではないかと気になり始め，母親から，Aくんの多動性や集団活動にうまく入っていけないことを心配するような訴えが寄せられるようになりました。そのため，母親と連絡帳だけではなく，お迎えのときなどに「直接話す」ことを心がけるようにしました。そして，園での様子と家庭での様子をしっかりと共有し，母親に寄り添いました。そのような中で，母親が運動会に参加した際に，Aくんについて「やっぱり，うちの子は違う。小学校に入るまでに何とかしたい」という決意を固めたため，市の発達相談室へつなげることとなりました。

　定期的に市の発達相談室から保育所への訪問があり，保育の様子の観察の後，意見交換を行いました。この時に，「集団から少し離れたところでクールダウンが必要なため，すぐに声をかけずに見守ってください」との助言を受けたり，保護者の様子や不安などについて共有したりしました。担任保育士として，一人で集団とAくんとに目を配る緊張感の中で，療育の専門職に相談ができるのは心強いことでした。

　発達相談室と共通した方針を持ちながらAくんに関わり続けた結果，Aくんの様子に変化が見られ始めました。自分が一番でないと途中でやめてしまうことがありましたが，一番でなくてもやり遂げる姿や，他の園児と意見が異なる場面で意見を聞き，かつ自分の意見も主張し，双方納得して物事を進める姿が見られました。この成長を保護者とも分かち合い，Aくんは卒園していきました。

　保護者は，家庭の中では見えにくいAくんの特性について，Aくんが保育所という集団にいる際に気づき，自治体による支援を受ける意向を固めます。自ら自治体の窓口や支援機関を訪ねることには，ためらいや難しさを感じる保護者もいますが，保育所が仲介役となり，その橋渡しが円滑に行われています。

　自治体による支援を受ける中で，保護者は様々な悩みや不安を打ち明け，子どもとの関わり方の具体的な助言を得ることができます。担任保育士は，療育の専門職から助言を得ることで，Aくんが落ち着かない場面でそれを活用したり，落ち着かない場面が出てこないように未然の工夫や配慮をしたりすることもできます。Aくんにとっては，家庭・保育所・発達相談室という多くの時間を過ごす場所のいずれにおいても，自分が居心地の良い対応や環境が共通して

準備されているため，混乱なく過ごすことができます。Ａくんが落ち着くと，保護者の子育てに余裕が生まれ，さらにＡくんの成長や発達によい影響をもたらすという好循環が生まれます。

② 保育所等訪問支援における関係機関の連携・協働

　事例に通じるサービスとして，**保育所等訪問支援**があります。保育所等訪問支援は，児童福祉法第6条の2の2第6項に規定された障害児通所支援の一類型です。保育所等訪問支援事業所の児童指導員や保育士，理学療法士などのリハビリスタッフ，心理担当職員（以下，訪問支援員）が，保育所等の障害児が集団生活を送る場所を訪問し，子どもへの**直接支援**と保育者等への**間接支援**を通して，障害児が集団生活に適応するための専門的な支援を行います。[5]

　これまで障害のある子どもに対する支援は，「児童福祉」（障害児保育事業等），「障害福祉」（障害児通所支援等），「教育」（特別支援教育）などに分けられ，別々の場所で実施されてきました。関係機関の連携・協働は，主に会議の開催や情報の共有化にとどまっていました。しかし，2012（平成24）年の改正児童福祉法により，保育所等訪問支援が創設されたことで，「児童福祉」と「障害福祉」が一人の子どもをともに支援する，実質的な連携・協働が可能になりました。[6]

　直接支援では，子どもの固有の発達課題について支援する場合もありますが，一般的には保育所等の生活・活動の妨げにならないよう配慮しながら，訪問支援員が集団活動に加わって子どもに直接支援を行います。保育所等での子どもの生活のしづらさや集団不適応に対しては，その要因を本人の特性と環境面から推察し，本人に働きかけるだけでなく，環境整備を行ったり，保育者等に関わり方や活動の組み立て方を助言したりします。周囲の子どもたちを巻き込ん

(5)　厚生労働省平成28年度障害者総合福祉推進事業「保育所等訪問支援の効果的な実施を図るための手引書」（https://www.mhlw.go.jp/file/06-Seisakujouhou-12200000-Shakaiengokyokushougaihokenfukushibu/0000166361.pdf　2023年10月4日閲覧）。

(6)　酒井康年（2020）「保育所等訪問支援」宮田広善・光真坊浩史編著『新版　障害児通所支援ハンドブック』エンパワメント研究所，78〜114頁。

で支援を行うこともあります。また，保育者等への間接支援では，保育者等に
普段どのように子どもを見て，考え，どう関わっているのか，困っていること
はないかなどを聞き取り，保育者等の子どもとの関わりで良かった点を具体的
に伝えたり，今後子どもと関わるうえでのポイントを伝えることにより関係機
関相互の理解や信頼関係も築かれます。保育者等の子どもの理解を促し，保育
者等が発達的視点を持って子どもに関わることで，子どもが安心して保育所等
での生活を楽しむことにもつながります。保護者に対しては，訪問支援員が支
援の内容や保育所等での子どもの姿，周りの子どもや保育者等の関わりの様子
を丁寧に伝えることで，保護者の不安を取り除くことにつながります。[7]

［復習課題］

「保育所等訪問支援の効果的な実施を図るための手引書」（厚生労働省）の第4章
「実践事例集」の一部（45〜59頁）を参照し，保育者の立場から保育所等訪問支援
の意義についてＡ4用紙1枚程度にまとめてください。

---

(7) (5)と同じ。

ワークシート 本章の内容を踏まえ，以下のことに取り組んでみましょう。

① 保育や家庭支援に活用できる地域資源には，どのようなものがあるでしょうか。
その名称と資源の機能について，できるだけ多く箇条書きで記しましょう。その
後，近くの友達と記した内容をシェアしましょう。

② 厚生労働省「ファミリー・サポート・センターのご案内」を参照し，次の設問
に答えましょう。

・保育所へのお迎えの他，どのような時に援助を依頼することができるでしょうか。

・子どもの安全・事故対策は，どのようになされているでしょうか。

第 **9** 章

子育て家庭の福祉を図るための社会資源

··

1　子育て家庭の福祉とは

　子育て家庭には「子ども」と子どもを育てている「保護者」がいます。福祉は「幸せ」を意味しますので、①子どもの幸せと、②保護者の幸せの両方について考える必要があります。以下では4つのパターンについて考えてみましょう。

　(1)　子どもの幸せと保護者の幸せがどちらも実現している。
　(2)　子どもの幸せは実現しているが、保護者の幸せは実現していない。
　(3)　子どもの幸せが実現していないが、保護者の幸せは実現している。
　(4)　子どもの幸せも保護者の幸せのどちらも実現していない。

　(1)は子どもも保護者も幸せな状態で生活できており、最も望ましい状態です。
　(2)は子どもが幸せな状態である一方、保護者は仕事と子育ての両立を心身ともに疲弊しながら行っている、または親以外の部分で自分らしくあることを制限したり、諦めたりする中で子育てをしているなどの場合があげられます。
　(3)は保護者の幸せが実現しているというよりも保護者の事情が子育てより優先されるという表現が実情に近いかもしれません。たとえばシングルマザーの家庭で母親の交際が子育てよりも優先されるなどの場合です。
　(4)は保護者や家庭が深刻な問題を抱えており、日常の生活にも子育てにも影響が出ている場合であり、最も支援が必要な状態です。
　(1)以外の(2)(3)(4)のパターンでは、子育て家庭に対する育児支援や家事支援、また相談支援など状況に応じた支援が必要です。

2　社会資源とは

　社会資源とは支援を行ううえでの「ツール」といえます。図9-1の通り、

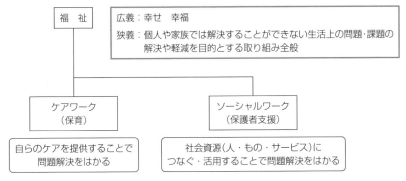

図 9 - 1　福祉とケアワーク・ソーシャルワークの関係について
出所：筆者作成。

　保育者が行う子育て家庭への支援には，大きく分けてケアワークとソーシャル
ワークという 2 つの実践方法があります。
　子ども・保護者の幸せを目指し，当事者だけでは解決が難しい問題や課題に
対する取り組みであることは共通していますが，保育実践のように「自らのケ
アを提供する」ことで問題や課題の解決や軽減をはかるケアワークと，「社会
資源につなぐ，社会資源を活用する」ことで問題解決をはかるソーシャルワー
クは解決方法が異なります。社会資源は問題解決や改善に結びつく「人・も
の・サービス」と言い換えることもできます。たとえば，発音に課題がある子
どものことで悩んでいる保護者を言語聴覚士につなげ，子どもが言語訓練を受
けることで発音が改善したケース（"人" につないで解決した例），また病後の子
どもを預かってくれるところがないため仕事復帰ができず困っている保護者に
病後児保育サービスを紹介して仕事復帰ができたケース（"サービス" につない
で解決した例）のように，保育者はケアワークである保育を主業務として子ど
もに関わりますが，保護者支援では支援方法が異なるソーシャルワーク的役割
が求められており，子どもや保護者を支援するための社会資源を知っておく必
要があります。

3　子どもや保護者を支える社会資源

① 脆弱な子育て支援サービス

　子どもや保護者を支える社会資源は，高齢や障害などの他領域に比べてサービスの種類も提供量も乏しい現状があります。たとえば家事支援であるホームヘルプサービスを比較すると「産前産後」「ひとり親」など，利用できる時期や要件はきわめて制限されており，すべての保護者が困ったときにサービスを受けられる状況には程遠いといえます。これは「育児は保護者が行うもの」という暗黙の前提が根強くあり，2015（平成27）年から施行された子ども・子育て支援新制度や，2023（令和5）年から子どもファーストを掲げてこども家庭庁が発足したいまも現状は大きく変わっていません。

　公的なサービスが乏しい一方で，子ども食堂をはじめ市民活動や特定非営利活動法人（NPO法人）の支援は活発に行われています。ただし地域差も大きく，すべての子育て家庭が利用できるわけではありません。ソーシャルワークを行うための社会資源が決定的に不足し，支援が十分に行えない現状は明らかです。

② 園による社会資源の創設・活用

　園とは保育所（保育園）やこども園等を指します。先ほども述べたように保育現場において主業務である保育と並行してソーシャルワーク的役割を行う中で，子どもや保護者を支えるために社会資源（人・もの・サービス）の一部を自ら担う，提供する場合があります。

①　育児支援
　視点を変えれば保育そのものを育児支援ととらえることができます。保護者の心身の状況に応じて柔軟に園を利用できるという点において，園自体が子育て家庭を支える社会資源の一つであるといえます。

② 家事支援

　最近では保育所等が子ども食堂を開催するケースも見られます[^(1)]。通園の有無にかかわらず，地域の中にある身近な存在である園は子どもも保護者もアクセスしやすい，卒園児を中心に年齢の幅を越えて支援が可能であるなど，様々なメリットがあります。また食事提供にとどまらず，育児や生活の相談に結びつきやすい点でも大きな意味があります。

　一方で下記の事例のように，家庭で洗濯が行われていない通園時の衣服を洗濯する，入浴ができていない園児の髪や体をシャワーで清潔にする，朝食を食べずに登園する子どもに朝食を提供するなど，多くの場合は家庭で行われていることを，一部の園では支援として行っている実態があります。その他，コップやおはしなど園児が日々持参するべきものを園が用意することもあります。

3　その他の支援

　保護者が朝起きられない，登園準備を行えないなどの理由から，遅刻や欠席が続く場合に「家庭訪問」を行っている園もあります。子どもの安否や生活の様子を確認する場合や送迎を行うことで登園ができ，子どもは一日楽しく安全に園で過ごせる場合もあります。

> **事例　母親の「レジリエンス」を高める支援を行ったケース**
> 　「ネグレクトの心配のある困ったケース」として，市役所の紹介により入園した2歳児のAちゃんは，入園当初から遅刻や欠席が頻繁に続きました。シングルマザーの母とは連絡がなかなかとれない状況でした。
> 　保育園では子ども理解とともに家庭全体への支援が大切と考え，園長を中心に母の話を聴くという営みを丁寧に重ねました。母は聴いてもらえるという経験の中で，自身の生育歴やこれまで誰にも育児の悩みを相談することなく一人で抱えていたこと，交際相手からDVを受けて精神症状が悪化したことなど，困り事を少しずつ語り始めました。

[^(1)]: 農林水産省（2018）「子供食堂と地域が連携して進める食育活動事例集」9頁。

園のケース会議では母は「困った親」ではなく，「困っている親」であるという共通理解のもと，母にはDV被害への支援，一方でAちゃんには衣食住の支援が課題としてあげられました。そこで保育者は朝食提供や入浴のサポートを行い，園長は対話を通した母と交際相手や親子間の関係調整に取り組みました。ときには母から「送迎ができない」とSOSを受けた場合は家庭訪問し，送迎支援も行いました。このように園の支援を受けることでAちゃんの母は生活を立て直し，少しずつ育児に向き合うことができるようになりました。

この事例が好転した要因は3点あります。

1点目はケース会議により，園全体がAちゃんと母の課題について共通認識をもちながら支援を行った点です。ケース会議は子どもや家庭の情報共有に加え，見えている事象だけでなく真の課題がどこにあるのかを全員で"見立てる"（アセスメント⁽²⁾する）良い機会になります。

2点目はケース会議の結果，保育者と園長がそれぞれ役割分担しながら支援を行った点です。園全体で行う支援は，言い換えれば家庭や生活全般を園全体で見守ることにつながります。

3点目はAちゃんに対する衣食住の支援は「いま困っている」課題を解決する視点，母に対する相談支援は「将来的に続く困り事」も含めて解決する視点の両方が意識されていること，そして身体的・精神的・社会的視点から支援が行われている点です。

子育ては親がしてあたりまえという価値観が社会全体に根強い中で，園は「逆境により力を奪われている母」ととらえました。母親の役割が担えていないことを"指導"するのではなく母自身が力を回復する，つまりレジリエン

---

(2) アセスメントとは，利用者の社会生活上の課題やニーズを明らかにするために利用者を取り巻く状況を詳しく理解し，総合的・多面的に問題をとらえて評価すること（中坪史典ほか編集委員（2021）『保育・幼児教育・子ども家庭福祉辞典』ミネルヴァ書房）。

(3) レジリエンスとは危機的な状況に置かれながらも，その環境に良好に適応する力，逆境に対する精神的回復力や自然治癒力（中坪史典ほか編集委員（2021）『保育・幼児教育・子ども家庭福祉辞典』ミネルヴァ書房）。

⁽³⁾
スを高める支援を行った結果，母が育児に再び向き合う姿勢につながりました。

4　子育て家庭の支援における課題

① 公平と平等の違い

　前節の事例をみると，「園はどこまで支援を行えばよいのか」と驚いた人が
いるかもしれません。図9-2は「平等」と「公平」，そして「公正」について
イラストで表したものです。⁽⁴⁾平等は「個人の違いは視野に入れず，全員に『平
等』なものが提供されている」ことであり，公平は「個人の違いを考慮して，
それぞれに『公平』な機会が提供されている」ことです。そして目指すべき公
正は「構造的なバリアが取り除かれ，全員が平等かつ公平な機会を保持してい
ること」です。

　もし特定の園児や家庭に手厚い支援を行うことに対して「クラスの他の保護
者はどう感じるだろうか」と戸惑いを感じる場合は「平等」の視点からとらえ
ているといえるかもしれません。子育て家庭の支援では，「公正」を目指し，
「平等」よりも「公平」に基づいて行うことが重要です。子どもの生活状況は
家庭によって違うため，たとえば園が子どものコップやおはしを用意するケー
スのように「子どもの最善の利益」の観点から子どもの生活のスタートライン
を揃えること，支援が必要な子どもや家庭への個別の関わりは，むしろ必要な
ことといえます。

② 根強い保護者の自己責任論

　長らく日本では「子どもが小さいうちは，とくに三歳までは母親が子どもの
そばにいて，育児に専念すべきだ」という三歳児神話が広く社会通念として浸

---

(4) MobilizeGreen, "Environmental Equity Vs. Environmental Justice: What's the Difference?"（https://
www.mobilizegreen.org/blog/2018/ 9 /30/environmental-equity-vs-environmental-justice-whats-
the-difference　2024年 1 月17日閲覧）.

平　等　　　　　　公　平　　　　　　公　正

図 9 - 2　「平等」「公平」「公正」について

出所：MobilizeGreen, "Environmental Equity Vs. Environmental Justice: What's the Difference?"
（https://www.mobilizegreen.org/blog/2018/9/30/environmental-equity-vs-
environmental-justice-whats-the-difference　2024年 1 月17日閲覧）より作成。

透してきましたが，いまは科学的根拠がないことがわかっています[(5)]。

　また2015（平成27）年の子ども・子育て支援新制度の施行からも，核家族化や共働き世帯の増加をはじめとする時代や社会の変化から，保護者だけで子育てを行うことは難しく，社会全体で支える必要があることは明らかです。

　しかし事例でも述べたように子育ては保護者の自己責任であるという考えは未だに根強く，「子育て罰[(6)]」つまり「政治や社会，そして企業が，親や子どもに課す冷たく厳しい仕打ちの総称」という言葉からは，子育て家庭に冷たい現状が窺え，また『母親になって後悔してる[(7)]』という書籍では当事者である母親が子どもへの愛情とは別に社会の重圧に苦しむ様子が綴られています。

　一方で子どもや保護者を身近で支える保育者の**アンコンシャス・バイアス**（**無意識の偏見**）[(8)]にも目を向ける必要があります。保育者は「子どもの最善の利益」を最も大事にしているがゆえに，保護者にも同じ気持ちや姿勢で子育てに

---

(5)　『日本経済新聞』「母の就労『子に悪影響なし』親の充実感が幸福生む」2018年 8 月25日。

(6)　末冨芳・桜井啓太（2021）『子育て罰──「親子に冷たい日本」を変えるには』光文社。

(7)　オルナ・ドーナト／鹿田昌美訳（2022）『母親になって後悔してる』新潮社。

(8)　アンコンシャス・バイアスとは，ある社会集団に対して有する固定概念であり，自分や他者を判断する際，過去の経験，社会・文化的習慣，環境などから自分が気づかずに生じる偏った見方や考え方のこと（中坪史典・木戸彩恵・加藤望・石野陽子（2019）「女性・母親に向けられるアンコンシャス・バイアスという眼差し」『広島大学大学院教育学研究科紀要第三部　教育人間科学関連領域』68, 20頁）。

向き合うことはあたりまえと考えてしまうかもしれません。無意識や善意から出た言葉であること，さらに子どもの育ちにとって正しいことであっても，結果として保護者を責めているかもしれないという視点を持つことが大切です。

❸　子育て支援を担う本来の担い手

　前述したように，子育て家庭を支える社会資源の多くは公的サービスではなく園やNPOなどによるボランタリーな関わりの中で行われています。「やむにやまれず」「善意で」，さらには「自己犠牲」で成り立っている支援が本来のあり方ではないことは明らかであり，前項で述べた公正の状態を目指して，必要な支援を安定して受けられる仕組みづくりを社会全体で考えることが大切です。

　その中で子どもや保護者の一番身近にいる専門職であり，保育者だからこそできる重要な役割とは，保護者の抱える問題や課題は自己責任ではなく社会問題ととらえ直し，人々や社会に向けて発信や**代弁**（**アドボカシー**）[9]を行うことといえます。

---

(9)　アドボカシーとは権利を侵害されている当事者のために声をあげることであり，子どもの意見，願い，ニーズを意思決定者に対して代弁すること（中坪史典ほか編集委員（2021）『保育・幼児教育・子ども家庭福祉辞典』ミネルヴァ書房）。

保育者の保護者に関するアンコンシャス・バイアスについて，できるだけ多く挙げ
てみましょう。

ワークシート　本書の内容を踏まえて，以下のことに取り組んでみましょう。

① 　あなたが住んでいる地域にある保育所，子ども家庭支援を行っている NPO 法
　　人を検索し，それぞれのホームページにアクセスしてみてください。さらに育児
　　支援，家事支援に関連する取り組みの有無や，支援サービスがある場合は，その
　　サービス内容についてまとめましょう。

② 　事例の中の「Aちゃんの母」の人生を想像し，生まれてから園の支援を受ける
　　までの母のライフストーリーを書いてみましょう。

第 **10** 章

子育て支援施策・次世代育成支援施策の推進

予習課題

身近な年長者（家族・親戚やアルバイト先の人などで20歳以上年上の人が良いでしょう）に，社会人になってから10〜20年ほどの間でどのような人生を歩んだのか，主な出来事とともに，嬉しかったことや苦労したことなどできるだけ具体的に尋ねてみましょう。身近な事例と重ね合わせながら，本章のテーマである子どもや子育て家庭への様々な支援の現状について理解を深めていってほしいと思います。

1 子ども・子育て支援制度

　本章のタイトルにある子育て支援施策・次世代育成支援施策とは，単一の制度を指しているわけではなく，少子化問題を克服するために，また子どもや子育て家庭を支援するために国が行ってきた取り組みを総称するものです。1994（平成6）年に発表されたエンゼルプランを皮切りに，様々な理念や指針が示され見直されてきました。本章ではこのうち，「子ども・子育て支援制度」「次世代育成支援対策推進法」を取り上げ，主要な取り組みについて概観します。

① 制度の概要

　子ども・子育て支援制度は，2012（平成24）年に「子ども・子育て関連3法[1]」が成立したことを受け，2015（平成27）年4月から運用されている制度です。幼児教育・保育，地域の子育て支援の量の拡充や質の向上を進めていくことを目的としており[2]，現在の日本の幼児教育・保育・子育て支援の骨格となっています。2023（令和5）年時点での制度の全体像は図10-1の通りです。

　制度は大きくは「現金給付」と「現物給付」に分けられます。現金給付は文字通り現金を子育て家庭に支給する支援であり，主に児童手当のことを指しています。これに対し現物給付は，幼児教育・保育・子育て支援に関連したサービスなどを提供する支援です。以下，現物給付についてもう少し詳しく説明していきます。

　まず，日常的な幼児教育・保育に関しては，子ども・子育て支援制度が始まってから，それまで認定こども園・幼稚園・保育所ごとに異なっていた財政支

---

(1) 「子ども・子育て支援法」「就学前の子どもに関する教育，保育等の総合的な提供の推進に関する法律の一部を改正する法律」「子ども・子育て支援法及び就学前の子どもに関する教育，保育等の総合的な提供の推進に関する法律の一部を改正する法律の施行に伴う関係法律の整備等に関する法律」の3法を指す。

(2) こども家庭庁「子ども・子育て支援制度」(https://www.cfa.go.jp/policies/kokoseido/　2024年2月14日閲覧)。

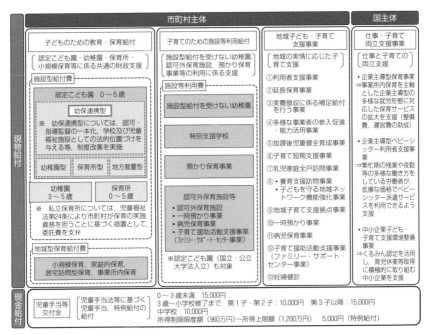

図10-1　子ども・子育て支援制度の概要

出所：こども家庭庁「子ども・子育て支援制度」(https://www.cfa.go.jp/policies/kokoseido/　2024年2月14日閲覧)。

援の仕組みが共通のものとなりました。また，小規模保育・家庭的保育・居宅訪問型保育・事業所内保育といった，0〜2歳児を対象とする地域型保育事業が市町村による認可事業となりました。現在の日本でこれらの施設・事業を利用する際には，子どもの年齢（3歳未満か以上か）と保育の必要性に応じて設けられた区分に基づいて，市町村から認定を受けることとなっています。認定された区分によって，利用できる施設・事業に違いがあるのです。

　次に，地域の子育て支援に関しては，「地域子ども・子育て支援事業」としてその充実が図られています。図10-1にある13事業には，たとえば通常の保育利用日・時間外に子どもを預かる延長保育事業や病気の子どもを預かる病児保育事業など，各家庭のニーズに対応した保育を行うもの，妊婦健診や乳児（生後4か月まで）のいるすべての家庭を保健師・保育士らが訪ねる乳児家庭全

戸訪問事業のように，妊娠から出産後までの時期に特化した支援を行うものがあります。また，地域で子育てする家庭に親子交流や子育て相談の場を提供する地域子育て支援拠点事業，地域の住民同士で子育てを相互に援助する子育て援助活動支援事業（事例1参照）など，地域のあらゆる子ども・子育て家庭を支援するための事業が多くあることも特筆されます。

　これら現物給付の多くは，市町村主体で行われます。子ども・子育て支援制度では，地域住民にとって最も身近な自治体である市町村が中心となり，各家庭や地域の実情に即した形で支援事業を計画・実施していくこととなったのです。

事例1　ひとり親家庭を支援する子育て援助活動

　男児2人を育てているシングルマザーのAさんは，一人で会社を立ち上げ，子育てをしながら仕事を続けています。仕事は子どもが学童や保育所から帰って来るまでに終わるよう調整をし，子どもと過ごす時間を大切にしていました。しかし，だんだんと仕事量は増え，遅い時間や休日にも仕事をしなければならなくなりました。仕事と子育ての両立に行き詰まりを感じ始めたとき，学童や保育所の時間外にも子どもを預かってくれる子育て援助活動があることを知りました。この子育て援助活動とは，子育ての援助を受けたい人が，役所を介して子育ての援助を行いたい人に子どもの預かりなどを依頼するという取り組みです。Aさんは，他の家庭に子どもを預けることに少し不安を感じながらも，役所で登録を済ませ利用を始めてみました。すると，家族のように子どもに寄り添ったサポートをしてもらえ，安心して仕事をすることができました。

　このAさんのように，特にひとり親家庭で仕事と子育てを両立していくには，かなりの困難が伴います。子育て援助活動のようなものがあることを，もっともっと発信していく必要性があると，長年活動に携わってきた身として強く感じているところです。

---

② 成果と課題

　すでに述べたように，子ども・子育て支援制度は幼児教育・保育・地域の子

育て支援における量の拡充や質の向上を目指したものです。このうち量の拡充に関しては施策の一定の成果がみられます。たとえば，希望していても保育施設に入れない待機児童の数は，2000年代以降 2 万人前後で推移し続けていましたが，2023（令和 5 ）年 4 月 1 日時点では2680人と，近年着実に減少してきています。[3]

　一方で，質の向上については，取り組むべき課題は多いといえるでしょう。たとえば，質の高い保育を行ううえでは職員配置を手厚くすることが望ましいですが，保育士は常に人材不足の状況が続いています。2021（令和 3 ）年の有効求人倍率は2.50倍（全職種平均は1.03倍）となっており，長年高い水準で推移しています。[4]各々の家庭・地域の状況に応じた多様な保育サービスを柔軟に展開していくには，人材の確保は不可欠です。有資格者を増やすことや離職者の再就職を支援することが重要なのはいうまでもありませんが，現職の保育者が長く働き続けられるような，さらなる待遇の改善やキャリアアップが図れる仕組みの構築が期待されます。

2　次世代育成支援対策推進法

① 制度の概要

　次世代育成支援対策推進法は，2003（平成15）年に制定された法律です。そこでは，「次世代育成支援対策」を「次代の社会を担う子どもを育成し，又は育成しようとする家庭に対する支援その他の次代の社会を担う子どもが健やかに生まれ，かつ，育成される環境の整備のための国若しくは地方公共団体が講ずる施策又は事業主が行う雇用環境の整備その他の取組」（第 2 条）と定義して

---

(3) こども家庭庁（2023）「保育所等関連状況取りまとめ（令和 5 年 4 月 1 日）」（https://www.cfa.go.jp/assets/contents/node/basic_page/field_ref_resources/f699fe5b-bf3d-46b1-8028-c5f450718d1a/7803b525/20230901_policies_hoiku_torimatome_r5_02.pdf　2024年 2 月14日閲覧）。

(4) 厚生労働省（2022）『令和 4 年版 厚生労働白書』56頁。

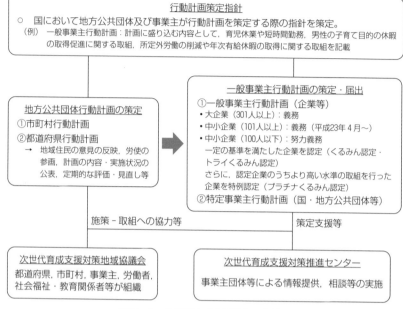

図10-2　次世代育成支援対策の全体像

出所：こども家庭庁「次世代育成支援対策」(https://www.cfa.go.jp/policies/shoushika/jisedaishien/ 2024年2月14日閲覧)。

います。つまり，次世代育成支援対策推進法とは，次世代を担う子どもが健やかに生まれ育成される環境を，国・地方公共団体・事業主それぞれが計画的に整備していくことを推進しようとする法律です。2005（平成17）年度から10年間の有効期間を設けた時限立法でしたが，さらなる推進のために2024（令和6）年度末まで延長されています。

　対策の全体像としては，図10-2に示す通り，国が「行動計画策定指針」を策定し，それに即して地方公共団体（市町村・都道府県）と事業主（一般事業主・特定事業主）がそれぞれ「行動計画」を策定する流れとなっています。地方公共団体による行動計画の策定は任意となりましたが，事業主による行動計⁽⁵⁾

---

(5) 子ども・子育て関連3法の一つである「子ども・子育て支援法」の規定する「子ども・子育て支援事業計画」に引き継がれたため。

画の策定は義務ないし努力義務となっています。以下，国が事業主の行動計画についてどのような策定指針を示しているのかみていきましょう。⁽⁶⁾

　ここでいう事業主には，民間企業などの代表者である一般事業主と，国や地方公共団体の機関の長である特定事業主の2つがありますが，それぞれに対する国の指針には共通する部分も多く，行動計画の内容としては雇用環境の整備に関わるものが中心となっています。具体的には，妊娠中・出産後の女性への配慮，育児休業の取得の促進，特に男性が子育てに関わるための休暇・休業取得の促進，子育て中の女性の活躍の推進などが挙げられます。また，こうした妊娠中・子育て中の人々の仕事と家庭生活の両立支援に加えて，長時間勤務の是正や休暇取得の促進，テレワーク導入などの柔軟な働き方の推進，転勤への配慮といった，働き方そのものの見直しについて多く言及されていることも特筆されます。

　事業主はこれらの指針を参考に，組織の実情に即した独自の行動計画を策定し，実施していくこととなります。なお，一般事業主においては，行動計画で定めた目標の達成など一定の基準を満たせば，「子育てサポート企業」として厚生労働大臣から認定を受け，取り組みの成果を社会に発信することもできます。

2　成果と課題

　これらの次世代育成支援対策は，社会にどのような変化をもたらしてきたのでしょうか。ここでは，近年特に推進されている施策の一つ，男性の育児休業取得の促進に注目したいと思います。育児休業とは，労働者が子どもを養育するために取得できる休業です。子育てに専念する中で子どもの成長をじっくりと見守ること，また子育ての実際について身をもって知ることのできる貴重な機会であるといえます。2023（令和5）年現在の日本では，民間企業の場合，

---

(6)　こども家庭庁「行動計画策定指針」（https://www.cfa.go.jp/assets/contents/node/basic_page/field_ref_resources/0a380840-c47f-4823-89d7-451b238b7711/f9095fd0/20230401_policies_shoushika_jisedaishien_01.pdf　2024年2月14日閲覧）。

原則として子どもが１歳になるまでに２回まで分割して取得することができます。この取得率の推移をみると，女性では2005（平成17）年度の72.3％から2015（平成27）年度の81.5％，2022（令和４）年度の80.2％と一定した水準が維持され，同年度の男性においては0.5％から2.65％，17.13％と着実な上昇がみられます。これらは長年の施策の一定の成果といえるでしょう。[7]

　とはいえやはり，男女差が大きいことは否めません。取得率だけでなく取得日数においても，2021（令和３）年度の実績で，女性は10～18か月未満が約３分の２を占める一方で，男性は２週間未満が半数超と大きな違いがあります。[8]

　こうした結果には，男女間での家事や子育ての分担割合の違いが少なからず影響しているものと考えられます。2021（令和３）年の経済協力開発機構（OECD）の報告によると，日本の男性の無償労働時間（家事や子育てなどの時間）は41分，女性はその約5.5倍（224分）となっています。[9]この差は OECD 加盟国の中で最も大きいものでした。高度経済成長期に定着した「男は仕事，女は家事・育児」といった性別役割分業の考え方は今も根強く残っているのです（事例２参照）。このような意識や行動パターンを変革していくことが，次世代育成支援における大きな課題といえるでしょう。雇用環境の整備においては，育児休業の取得実績だけでなく，正規雇用者や管理職の割合，賃金の水準といった様々な面に存在している男女格差を見逃さず是正していく取り組みが求められます。

事例２　緊急連絡先にみる夫婦の役割分担意識

　保護者から子どもを預かる際に必要な情報の一つとして，緊急連絡先があります。子どもを預かっている時間に何かトラブルが生じた場合，連絡をとるためです。連

---

(7)　2022年度データは，厚生労働省（2023）「『令和４年度雇用均等基本調査』の結果概要」（https://www.mhlw.go.jp/toukei/list/dl/71-r04/07.pdf　2024年２月14日閲覧），それ以外は，厚生労働省（2023）『令和５年版　厚生労働白書』165頁。

(8)　厚生労働省（2022）「『令和３年度雇用均等基本調査』の結果概要」（https://www.mhlw.go.jp/toukei/list/dl/71-r03/07.pdf　2024年２月14日閲覧）。

(9)　内閣府男女共同参画局（2023）『男女共同参画白書 令和５年版』17頁。

絡先は複数あげてもらいますが，優先順位（電話をかける順番）が高いのは圧倒的に母親の仕事先の電話番号または母親本人の携帯番号で，父親の携帯番号は3番目以降となることが多いのが実情です。これは，もし子どもに何かあったときに駆けつけてくるのは，たとえ共働きであっても母親であるという現実を表しているように思われます。母親はむしろ，子育てにおけるこのような事態を想定して，時短勤務，パート勤務，通勤1時間圏内，日中勤務，残業なしといった条件のもとに仕事を選んでいるようにも見受けられます。緊急連絡先一つをとっても，「男は仕事，女は家事・育児」という意識が未だ根強く残っていることを強く感じさせます。

（復習課題）

次頁のワークシートではライフプランを立ててもらいます。このライフプランや予習課題を踏まえたうえで，子ども・子育て支援制度や次世代育成支援対策推進法に関連する取り組みの中から自分にとって関心の高いものを一つ取り上げ，具体的な内容や事例などを調べてみましょう（たとえば，小規模園を志望しているため地域型保育事業について調べる，子育てと仕事を両立させたいので両立支援制度について調べるなど）。

ワークシート　以下の4つの年齢区分における自分の姿をできるだけ<u>現実的・具体的にイメージ</u>し，その区分において<u>考えられ得ること／目指したいこと</u>を箇条書きでどんどん書き出していきましょう。その際，自分だけでなく家族（現在の家族＆将来的な家族）に起こり得るライフイベントも十分意識しましょう。

ライフプランを描く際に意識するとよいこと　（カッコ内は関連しそうなワード）
・自分個人に関わること（健康／資格／趣味／旅行……）
・家族に関わること（結婚／出産／教育／同居／介護……）
・仕事・学業に関わること（就職（業種・職種・収入・働き方）／転職／育児休業／復職／退職／再就職／進学／留学……）
・その他（お金／住宅（一戸建て／マンション／購入／賃貸／ローン）／車……）
記入例
・○○歳くらいの時，○○歳の同業種の人と結婚する。共働きで家事は分担。
・○○歳あたりで主任になることを目指す。そこまでは仕事優先で行動する。
・○○歳で○○市内に新築庭付き一戸建てを購入する。犬を飼う。
・○○歳の時，第一子が幼稚園入園。隙間時間に○○資格取得を目指した勉強を始める。
・○○歳までに○○万円を貯めてヨーロッパを旅行する。

① 卒業～5年後（自分の年齢： ＿＿＿＿＿歳～ ＿＿＿＿＿歳）

② ①からさらに5年後（自分の年齢： ＿＿＿＿＿歳～ ＿＿＿＿＿歳）

③ ②からさらに5年後（自分の年齢： ＿＿＿＿＿歳～ ＿＿＿＿＿歳）

④ ③からさらに5年後（自分の年齢： ＿＿＿＿＿歳～ ＿＿＿＿＿歳）

第 11 章

子ども家庭支援の内容と対象

予習課題

自分の保護者や子育て経験のある人に，①子育て中「心配だったこと」「不安だったこと」，②その時の相談相手や頼れる施設，利用したサービスについて聞いてみて，具体的に書き出してみましょう。

1 こども家庭庁の発足と子ども家庭支援

2023（令和5）年4月に，「**こども家庭庁**」が創設されました[(1)]。これは，従来様々な省庁に分かれて実施されてきた子ども家庭支援の実施主体を一つにまとめることによって，より一層子育て支援に関する対応を深化させていくことが大きな目標になっています。

こども家庭庁は，「**こどもまんなか社会**[(2)]」の実現に向けて，常にこどもの視点に立って，様々なこども施策により専門的・強力的に取り組むために設置されました。理念として，こどもが自立した一人の人として健やかに成長することが可能な社会の実現に向かって，「**こどもと家庭**」の福祉の増進・保健の向上等の支援，**こどもの最善の利益**を擁護することが掲げられています[(3)]。主として，こどもの福祉や保健に関するものは移管され，教育をはじめ，それ以外の施策分野や国民全体の教育の振興等を目的とするものは，共管（関係する府省庁に担当部局を残す）とし，関係府省庁との総合調整を図りながら取り組むこととされています。

なお，こども家庭庁設置法第3条には，以下のように任務が定められています。

　こども家庭庁は，心身の発達の過程にある者（以下「こども」という。）が自立した個人としてひとしく健やかに成長することのできる社会の実現に向け，子育てにおける家庭の役割の重要性を踏まえつつ，こどもの年齢及び発達の程度に応じ，その意見を尊重し，その最善の利益を優先して考慮することを

---

(1) こども家庭庁設置法第2条。

(2) こどもや子育て中の方々が気兼ねなく様々な制度やサービスを利用できるよう，地域社会，企業など様々な場で，年齢，性別を問わず，すべての人がこどもや子育て中の方々を応援するといった社会全体の意識改革を進めるための取り組み。

(3) 厚生労働省社会・援護局障害保健福祉部企画課「こども家庭庁について」。

基本とし，こども及びこどものある家庭の福祉の増進及び保健の向上その他のこどもの健やかな成長及びこどものある家庭における子育てに対する支援並びにこどもの権利利益の擁護に関する事務を行うことを任務とする。

　1989年に国連総会において，**児童の権利に関する条約（子どもの権利条約）**が採択されました。**子ども（18歳未満の人）**が大人と同じように，一人の人間としてもつ様々な権利を認め，成長の過程にあって必要な保護についても定めています⁽⁴⁾。我が国は1994（平成6）年に批准しており，国連子どもの権利委員会に国としての取り組みを報告することが求められています⁽⁵⁾。こども家庭庁の創設は，我が国が子どもの権利を擁護する取り組みを，より具体的に実践しているという証にもなるといえます。

2　子ども家庭支援の内容

　子ども家庭支援の具体的な内容については，2015（平成27）年4月から実施されている「**子ども・子育て支援新制度**」から見ることができます。保護者の就労状況や子どもの年齢に応じた支援を選ぶことができるように，多種多様な支援が用意されています。個々の支援については，子育て支援の主な実施者である市町村や民間団体を中心に，様々な支援が提供されています。保育所や幼稚園，認定こども園，または**地域型保育（家庭的保育，小規模保育**など）における保育の提供も子ども家庭支援の一つといえますが，ここではその他の支援をあげていきます。
　表11－1のように，保護者の状況に応じて多種多様支援が用意されていて，保護者自身が選ぶことができます。

---

(4)　ユニセフ「子どもの権利条約」（https://www.unicef.or.jp/crc/　2023年9月15日閲覧）。

(5)　条約の内容を国内法と同じように取り扱うことを認めること。

表11-1　地域の子育て支援一覧

事業名	実施内容
利用者支援	子育て家庭や妊産婦の困り事等に合わせて，必要な施設を選択して利用できるように，情報提供や支援の紹介を実施。
地域子育て支援拠点	地域で気軽に親子の交流や子育て支援ができる場所。
一時預かり	保護者の急用や短期就労（パートタイム等），またはリフレッシュしたいときに施設や支援拠点などで子どもを預かる。
ファミリー・サポート・センター	子育て中の保護者を会員として，提供会員（援助を行うことを希望する人）と，利用会員（援助を希望する人）との間で連絡調整を行って相互に助け合う。
子育て短期支援(ショートステイ)	保護者の仕事，冠婚葬祭，疾病などにより，子どもの養育が困難な場合に，短期間の宿泊で子どもを預かる。平日夜間に預かる方法（トワイライト）もある。
病児保育	病中病後の子どもを養育できないときに，病院や保育所等に付設された場所で預かる。
放課後児童クラブ	昼間保護者が不在の児童を，小学校の余裕教室や児童館等で預かる。
乳児家庭全戸訪問	生後4か月までの乳児がいるすべての家庭を保健師等が訪問し，養育環境の把握を通して子育てに関する様々な情報を提供する。
養育支援訪問	養育に不安や支援が必要な保護者に対して，保育士等が定期的に訪問して養育に関する指導・助言を行う。
妊婦健康診査	妊婦の健康保持並びに増進を図るために行う。健康状態の把握，検査計測，保健指導等を通して必要な医学的検査を実施する。

出所：こども家庭庁「よくわかる『子ども・子育て支援新制度』」(https://www.cfa.go.jp/policies/kokoseido/sukusuku/　2024年1月1日閲覧) より筆者作成。

3　子ども家庭支援の対象

　前述の「子ども・子育て支援新制度」において，子ども家庭支援の対象は，**「支援を必要とするすべての家庭」**とされています。その取り組みの象徴ともいえるのが**「こども誰でも通園制度」**の実施に向けた取り組みです。これは，すべての子育て家庭に対して，現行の幼児教育・保育給付に加えて，毎月一定の利用可能時間の枠組みの中で「就労要件を問わず，時間単位で預かりができる」制度で，多様な働き方や個々のライフスタイルに沿った支援を強化することが目的とされています。0～2歳の子どもを養育している家庭の約6割は未

就園児であり，多くの家庭が孤立した中で育児に取り組むことを強いられ，不
安や悩みを抱えている(6)ことが指摘されている中，今後このような取り組みはま
すます必要とされていくでしょう。

4　子ども家庭支援の実際

多くの施設等で子ども家庭支援が実践されていますが，ここでは多くの子ど
もと保護者が利用している保育所の事例を通して，理解を深めていきましょう。

事例 1　育児不安を抱える保護者の事例

　2歳児クラスに在籍するAちゃんは，最近，保育士への甘えが目立ち，保育士を
独占しようとする行動が増えました。Aちゃんは半年前に妹が生まれ，母親は現在
育休中です。Aちゃんの送迎は主に父親が行っていますが，普段から父親は子育て
に参加していなかったため，Aちゃんが駆け寄って話しかけても上の空の様子でし
た。また，父親は保育士ともほとんど話をしないまま帰宅していました。
　Aちゃんの家庭の様子が気になっていた担任のT保育士は，1週間前の個別面
談の際に，ようやくAちゃんの両親とゆっくり話をすることができました。そこで
次のようなことがわかりました。両親の親や家族は遠方に住んでいるため頼ること
が叶わず，昼間は，母親が一人で子育てと家事を行っていること。また，最近，気
分の落ち込みが激しく，家事や育児が思うようにできないこと。そのため父親が少
しずつ子育てや家事を手伝うが，以前ほど家の中が回っていないこと。
　また母親は，「下の子どもが生まれたばかりなのに，どうしても気持ちが落ち込
み，子どもたちを可愛がることができない。自分はひどい母親だと感じ，周囲には
なかなか相談できない」と話していました。
　その状況の中，父親は「妻を支えないといけないが，仕事も忙しく，家事育児と
両立することが難しい」と話していました。
　T保育士は，保育所でのAちゃんの様子も踏まえ，保育士として，子どもと家族
を支えたいと考えています。

---

(6)　「『こども未来戦略方針』〜次元の異なる少子化対策の実現のための『こども未来戦略』の策定に向け
て」(2023)。

事例を読み取るポイントは，以下の3つです。

① 個々の「**困り感**」に焦点を置く

　まず最初に取り組みたいのは，個々の「困り感」に寄り添うことです。子どもの課題（困っていること，解決したいこと）から描かれていますが，ここで先入観を持たずに「Aちゃんは何に困っているのだろう」と，本人を中心とした視点で状況を判断することが求められます。その後，保育者から見た父親の様子，面談を通して明らかになった母親の様子，と続いていきます。事例に登場してくる4人の視点から，個々の「困り感」（何に困難を覚えているのか）を整理することが求められます。

② 思いや願い（どのようにしたいのか）を明らかにする

　事例の家族の中で，直接本人からの気持ちを聴き取れたのは，この時点では母親と父親だけです。面談の中で，「近くに頼れる人がいない，家のことはすべて自分が行っている，気分の落ち込みが激しい，家事や育児が思うようにできない，子どもを可愛がることができない」という気持ちが吐き出されています。一見すると，母親の弱さばかりが目につきますが，事柄の背景には「自分はこのようにしたいんだけど……」という思いや願いを感じ取ることができます。

　また，父親に対しても「少しずつ手伝ってはいる」と，肯定的なとらえ方をしています。あわせて父親自身も「支えたいけどうまくいかない」と，自分の気持ちを吐き出しています。それぞれの吐き出した気持ちの中に「どのような思いや願いが隠されているのか」を注意深く見つけることが肝要です。

　保育者の視点として，もう一つ必要なことは「Aちゃんの思いや願い」を感じ取り，代弁していくことです。[(7)] 同時に，生まれて間もない妹の思いや願いに寄り添うことも重要です。

---

(7) 本人の代わりに，自分の思いや願いを表していくこと。聞き出した人の解釈は入れない。

③ 支援を組み立て，実施していく

　個々の思いや願いに寄り添うこととあわせて重要なのは「保育者の思いや願い」です。日々Aちゃんと接する保育者がどのように感じ，導いていきたいのかという思いは，支援を実施していく中での根幹となります。今までの家族の歩みを肯定的に受け入れ，個々の思いや願いに寄り添いながら，この家族がどのような歩みを必要としているのかを整理し，支援を組み立て，実施していくことが望まれます。

　この事例の場合，保育者として求められる支援内容は「Aちゃんが安心して毎日の生活を送ることができる」ということと，「母親の精神的な安定」がまず考えられます。表11－1の一覧から，「**利用者支援**」の利用を勧め，保育者と相談員が連携して各種の支援を提案することが望まれます。母親の精神的な安定のために，「**地域子育て拠点**」などに出向き，他の子育て世代の保護者と交わることが有効と想定できます。家から出ることに困難を覚える場合は「**養育支援訪問**」を活用して，保育士等からの支援を受けながら孤立を緩和することも考えられます。また，子どもとの距離を置く必要を感じたときには「**一時預かり**」や「**子育て支援短期（ショートステイ）**」を申し込んで，物理的に距離を保つことも母親自身の安定を取り戻すきっかけになります。「**ファミリー・サポート・センター**」の利用会員に申し込むことも可能です。

　事例の読み取り方と支援の内容については，**支援者の視点**（何を課題として，どのように支え，思いや願いにつなげていくか）によって変化していきます。保育者自身が「何を課題としてとらえ，どのような方向に一緒に歩んでいきたいのか」，当事者である家族と一緒に考えていくことが重要です。

5　子ども家庭支援に携わる保育者に求められる視点

　地域の子育て資源の活用を推進するために，2020（令和2）年度から「**新子育て安心プラン**」が実施されています。待機児童の解消，女性の就業率の向上を踏まえた保育の受け皿整備として各種の項目が掲げられています。[8] 支援のポ

イントとして，①地域の特性に応じた支援，②魅力向上を通じた保育士の確保，③地域のあらゆる子育て支援の活用等があげられています。支援を必要とする利用者のあらゆるニーズに対応することが望まれており，保育の質的向上[9]と合わせて，保育者が実践的に取り組むことを求められています。

　子ども家庭支援は，保育所等全体で取り組む事柄ですが，個々の保育者がどのようにとらえているか，お互いの足並みを揃えることはとても重要です。保育者が子ども家庭支援をどのようにとらえているか，ここでは保育園長が行った聞き取りから理解を深めていきます。

事例2-1　若手保育士からの聞き取り

　現場経験2年目の若手保育士に，「家庭支援」についてのイメージを尋ねてみました。彼女は，「貧困家庭，虐待などへの対応，それから子育ての質問に答えることなどが家庭支援だと思います。でも，まだ子育て経験のない自分には，正しく答えられる自信がなく，とても不安に感じています」と言っていました。とても気負っている様子がうかがえました。保護者からの質問に対して，その場で完璧な正解を出すことが相談支援だと思っているようです。果たしてそうでしょうか？　不確かなことについては，一緒に考えたり，時間を置いたりすることが必要なこともあります。「少し時間をください。詳しい職員に相談して，またお話しします」など，誠実な姿勢こそが保護者に安心感を与えるものです。また，保護者は，話を聞いてもらうこと自体を望んでいることもあります。答えを出さず，共感しながら聞く姿勢も大切です。

　大切にしたいことは，保育者が「一緒に考え，時間を置くこと」と「話を聞いてもらうこと」です。すぐに答えを出すことが必要な場面もありますが，すべてがそうではありません。むしろ，話を聞き（傾聴する），一緒に考え，悩んでいく仲間を求めているのです。共感（自分の気持ちを持ちながら，相手のことを理解する）の姿勢を持ちながら，寄り添うことが求められます。

---

(8)　こども家庭庁「新子育て安心プランの概要」。
(9)　厚生労働省「保育所等における保育の質の確保・向上に関する検討会議論の取りまとめ（概要）」。

保育園長は，以下のように視点をまとめています。

事例2-2 子ども家庭支援に向き合う視点

　若手保育士には，わからないことがたくさんあって当然です。わからなければ，相談すれば良いのです。そして，場合によってはベテラン保育士と一緒に保護者の相談支援にあたると良いでしょう。若手から見ると完璧に思えるベテラン保育士も，実は皆そのような経験を経て相談支援の力をつけてきたのです。

　また，何かことが起きたときだけ，改まって声をかけたのでは，保護者も構えてしまいます。普段からの関係性が相談支援のカギとなります。園であった微笑ましい出来事や，感動したエピソードなどを，できればその日のうちにその子の保護者に伝える。これはとても大切なことです。毎日保育をしているそのこと自体が，すでに家庭支援になっていることを忘れてはいけません。

　最後に，保育士にはたくさん，心が揺さぶられる経験をして，感性を磨いてほしいと思います。美しいものを見たり，本を読んだり，文化に触れたり，人の話を聞いたり……。一見，相談支援とは関係のないことのように思われるかもしれませんが，感性を磨くことにより，子どもや保護者のちょっとした変化に気づく感度の良さが身につくと思うのです。そして，学び続けることを忘れないでください。学べば学ぶほど，人は優しくなります。それは，知識を得ることが，相手の立場をイメージする力になるからです。表面に現れた事象だけではなく，その裏に隠された思いや感情，経験したことがないような事柄にまで，思いをはせる力になります。保育士になくてはならない，大切な力だと思うのです。

　子ども家庭支援に携わる保育者として求められる視点は，①わからなければ相談すること，②必要に応じて複数で対応すること，③普段からの関係性を大切にすること（日々の声かけが重要），④保育者自身の感性を磨くことの4点です。経験や年齢によらず，子ども家庭支援に向き合うすべての保育者に持ち合わせてほしい視点だといえるでしょう。

参考文献

厚生労働省「保育所等における保育の質の確保・向上に関する検討会議論の取りまとめ（概要）」。

厚生労働省社会・援護局障害保健福祉部企画課「こども家庭庁について」。

こども家庭庁「こどもまんなかマーク」(https://www.cfa.go.jp/mannaka-mark 2024年1月1日閲覧)。

こども家庭庁「よくわかる『子ども・子育て支援新制度』」(https://www.cfa.go.jp/policies/kokoseido/sukusuku/ 2024年1月1日閲覧)。

こども家庭庁「新子育て安心プランの概要」。

ユニセフ「子どもの権利条約」(https://www.unicef.or.jp/crc/ 2024年1月1日閲覧)。

「『こども未来戦略方針』〜次元の異なる少子化対策の実現のための『こども未来戦略』の策定に向けて（2023）。

┌─ 復習課題 ┐

「こどもまんなか社会の実現」に欠かせない，こども基本法とこども大綱の方針をまとめてみましょう。

ワークシート　次の事柄について調べてみましょう。

① こども家庭庁が大切にしている事柄（基本方針）を書き出してみましょう。

② 自分が住んでいる市町村が実施している「子育て支援事業」について調べてみましょう。

③ 保育者の視点に立って子育て支援の相談に携わるとはどういうことでしょうか。今までの学びをまとめながら，グループで話し合ってみましょう。

第 12 章

保育所等を利用する子どもの家庭への支援

....

1 保育所が果たす役割

　就学前の施設には，主に**幼稚園**，**保育所**，**認定こども園**があり，保育所だけでなくそれぞれの施設で子育て家庭への支援が行われています。本章では以下，保育所に焦点をあてて見ていくことにします。

　保育所やこども園等への入所事由となる「保育の必要性」として，①就労，②妊娠，出産，③保護者の疾病，負傷，障害，④同居親族の介護，看護，⑤災害復旧，⑥求職活動，⑦就学，⑧虐待や DV のおそれがあること，⑨育児休業取得中の継続保育利用，⑩その他，などがあります。そのなかでは，保護者の就労のために保育所に子どもを預けるケースが多く，子育てと就労との両立で多忙な毎日を過ごし，子育てに対しての悩みを抱えている家庭が増えています。このように保育所に入所している子どもの家庭環境は，就労形態，家族構成，家庭状況，衣食住の環境など各家庭によって異なり，あらゆる子どもの家庭を支援するという視点が必要であり，各家庭の生活背景を大切にしながら保育の専門性を活かして子どもの姿をとらえていくことが重要といえるでしょう。表12-1のように保育所保育指針解説には，保護者と連携して子どもの育ちを支える視点が書かれています。子どもを真ん中に置いて，保護者と保育者が子どもをともに育てる「共育の場」として保育所は存在します。保育者は保護者にとってのよき応援者として重要な役割を担い，積極的に支援していくことが期待されます。

　保育所は，0歳から就学前までの子どもが生活する場であり，継続的に子どもたちの援助や保護者に対して必要な支援を行います。子育て経験の乏しい親

表12-1　保護者と連携して子どもの育ちを支える視点

・子どもと保護者の関係や家庭での生活状況を把握する
・子どもの成長を伝え合いながら喜びを共有する
・保護者の子育てを肯定的に受け止め，励ましていく
・送迎時のコミュニケーションをはじめ，保育所において保護者と関わる日常の様々な場面をとらえながら，継続的に対話を重ね，援助していく

出所：厚生労働省編（2018）『保育所保育指針解説』フレーベル館，23～24頁より筆者作成。

保育所
保育所の特性を生かした子育て支援

① 保護者の養育力向上につながる 取り組み	② 保護者の就労と 子育ての両立	③ 関係機関との 連携

子育て相談に適した場	保育サービスを備えた場	専門機関とつなぐ場
• 継続的に子どもの発達の援助及び保護者に対する子育て支援が行える • 保育士や看護師，栄養士等の専門性を有する職員が配置されている • 子育て支援の活動にふさわしい設備を備えている • 地域の公的施設として様々な社会資源との連携や協力が可能	一時保育 延長保育 病児・病後児保育 休日保育 夜間保育	児童相談所 医療機関 福祉事務所 市町村担当課 教育委員会 療育センターなど

図12-1　保育所は家庭を支える拠点

出所：表12-1と同じ，329〜338頁を参考に筆者作成。

にとって乳幼児の生活や遊びの実態を知ることができる身近でふさわしい条件を備えている場であり，多様な家庭の保育を必要とする事由や状況に応じて利用できる様々な保育サービスもあります。なお，保育所だけでは解決できない問題は，それぞれのニーズに合わせて**専門機関**と**連携**をとりながらよりよい支援へとつなげていく拠点でもあります（図12-1）。

2　保育所の特性を活かした支援の内容と方法

1　保育者の専門性を活かした支援

保育所では，日々，保護者の子育て相談に応じる機会が多く，家庭状況により相談内容は多岐にわたります（表12-2）。これらを解決していくために，保育所保育指針解説の第1章「総則」1「保育所保育に関する基本原則」(1)「保

119

表12 - 2　相談内容の例

① 子どもへのかかわり方や接し方
② 親の育児不安・不適切な養育（虐待・DV など）
③ 家族問題・家族関係
④ 障がい・発達上の課題・子どもの疾患・気になる行動
⑤ 栄養・食事・生活習慣
⑥ 子どもの遊びや習い事
⑦ 保護者の仕事と子育ての両立

出所：リーザプレスクール（静岡県磐田市）でのアンケート調
　　　査（2020年～本章執筆時点までに実施）をもとに筆者作成。

育所の役割」では，保育所保育士に求められる主要な知識及び技術として「**発達の援助**」「**生活の援助**」「**環境構成**」「**遊びの展開**」「**関係構築**」「**保護者等への相談・助言**」の 6 つの知識と技術の必要性をあげています。これらを組み合わせ，それぞれの保育者が保育の専門性を駆使することで，保育者と保護者が一つの方向を見ながらよりよい家庭支援につなげていくことができます。保育者は，保育所の長年蓄積してきた乳幼児の豊かな保育実績をもとに，自身の経験と専門性に裏づけられた知識を活かして子ども理解と保護者の養育力の向上に努めていくことが大切です。

② 保育所と家庭をつなぐ効果的な方法

　保育者は，日常的に保護者とともに子育てを担う立場にあります。保育所と家庭が子どもに関する理解を深めるために子どもや家庭の様子を伝達し合い，様々な情報を共有することが重要です。この情報共有こそが支援の軸となる「コミュニケーション」であり，保護者との信頼関係形成に大きな役割を果たします。保護者とのコミュニケーションは，①保護者と対面する送迎時の会話，個別面談などの「**直接的支援コミュニケーション**」（表12 - 3），②連絡帳や各種おたよりなど紙面による「**間接的支援コミュニケーション**」（表12 - 4）の 2 つがあります。保育者は，①と②の特徴や役割を理解しながら最も効果な手段を選択し支援に役立てていくことが必要です。

表12-3　直接的支援コミュニケーションの方法

対象	頻度	方法	内容
個人	毎日	送迎時のやりとり	園での子どもの様子や家庭の情報を共有することで，共に育てていく姿勢を保護者に発信していく。
	定期的	個人面談	子どもの成長している様子を中心に話し，保護者から家庭での様子や悩みなどを聴くことができる。
	随時	個人面談	保護者からの悩み・要望や保育者が必要と判断した際に時間をとって実施する。
集団	定期的	保育参観	実際の保育の姿を客観的に観ることで子どもの日常がよくわかる機会となり安心につながる。保育者の子どもへの対応の仕方を学ぶ機会となる。
	定期的	保育参加	子どもと一緒に楽しく過ごし，日常の親のかかわり方を再確認する。他の子どもたちや親同士のふれあいを楽しむ機会となる。
	定期的	行事	子どもの成長の様子を再認識でき，各年齢の子どもの様子から発達を知る。
	定期的	懇談会	保護者と保育者との相互の対話や参加者同士の会話によって安心感が得られ，悩みを共有できる。

出所：高辻千恵・山縣文治編著（2016）『家庭支援論』ミネルヴァ書房，112頁より筆者作成。

表12-4　間接的支援コミュニケーションの方法

対象	頻度	方法	内容
個人	毎日	連絡帳（0～2歳児）	家庭と園での子どもの様子を伝え合う情報共有としての連絡ツールである。
集団	定期的	園だよりクラスだより	日頃の子どもの姿や保育内容，発達特徴を発信し，子育てについての共通理解を深める。
	定期的	おたよりHP・ブログ等	疾病・感染等予防方法・食育に関する情報を発信する。園での子どもの活動を掲載し，成長を手軽に見られる。

出所：表12-3と同じ。

3　保育所における家庭支援の実際

事例1　身体疾患を伴う子どもの保育生活に関する相談

　右足に装具を着用しているTちゃん（5歳児）。足の長さに左右差があるため，調整手術を行うことになりました。手術後しばらくは装具をつけて生活することになり，行動範囲も制限され配慮しなければならない点も多く予想されました。両親

からは「今後，園での生活をどのようにしていけばよいか」という相談がありました。担当保育者は，園長，主任を含めて両親と面談を実施しました。両親は「できる限りみんなと一緒に生活をさせたい，できることだけでもいいから」と話されました。保育者は，「Ｔちゃんにとってクラスの友達の存在は大きいし，元気をもらいますよね。きっと友達もＴちゃんからたくさんのことを学ぶはずです。こういった親御さんの考えを聞かせていただけることが，私たちの日々のかかわりについて考える手がかりになり，本当にありがたいです。Ｔちゃんにとって何が一番良いか考えていきましょう」と話し，園と家庭でサポート可能なことを互いに出し合いながら話を進め，職員全体で情報共有をしていきました。その後も送迎時や必要に応じて個別面談を実施し，悩みの解決に向けて家庭と連携していきました。数か月後，Ｔちゃんは，職員の付き添いなく園生活を送り，両親も以前に比べ，保育者との会話が増えるようになりました。

　この事例は，身体に疾患がある子どもにできる限り友達と一緒に園生活を送らせてあげたいという保護者の願いに対しての園と保育者の対応が示されています。保育者は，保護者の願いを否定せずに受け止め，互いにできるサポート内容を整理しています。また，面談の内容を職員全体で**情報共有**しながら，子どもの今の状況を把握し，その都度，判断しながら「子どもにとって今，何が必要か」を子どもの立場になって保護者とともに具体的な手立てを考えています。つまり，保育者は，「**子どもの最善の利益**」を尊重しながら，子どもにとって善いことを優先に子どもの保育と保護者に対する家庭支援を実施していくことが大切になります。

事例2　第2子出産時の育児不安についての相談

　Ｋちゃん（1歳児）の母親の第2子出産にあたり，「Ｋちゃんが，誕生する赤ちゃんの姉としての自覚を持ち，赤ちゃんを受け入れられるか不安」ということが連絡帳に書かれていました。保育者は，「今までと変わらずＫちゃんを大切にすることで安心でき，生まれてくる妹を大切にする気持ちが芽生えていくのではないか」という内容を連絡帳で伝えました。また，送迎時の対話の中で「いつ頃に妹という

存在を認識していくんですか？」と質問がありました。保育者は，以前読んだ本の
内容や研修で得た知識を参考にアドバイスしました。その後，母親の不安も軽減さ
れ安心して出産にのぞめるようになりました。それ以降，母との会話も以前より増
えました。

　この事例は，連絡帳による母親の相談から始まったものです。母親の言葉か
らは，姉として妹を受け入れられるか，という不安が感じられます。その気持
ちの裏には，姉妹仲良くしてほしい，妹の存在を大切に思ってほしいという願
いと本児（Kちゃん）の心の成長への期待が込められています。
　保育者は，常に本児を大切にしている母親の思いや行為を肯定し，「保護者
の関わり」が子どもの育ちを支えていることを意識できるように支援していま
す。これは，保育者の親への「大丈夫」というメッセージといえるでしょう。
また保育者は，自身の得た「知識」を手がかりに親の悩みに向き合い「育児に
対する不安」を軽減させ，安心感を与えています。このように親が抱える悩み
の本質を見極めて支援することは，保護者が安心して子育てを行うことや保護
者の養育力の向上，子どもが心身ともに健やかに成長することにつながります。
保育者は，保護者に対する肯定や励ましなどのちょっとした言葉や送迎時の対
話が不安軽減，自信回復となっていることを常に心に留めておく必要がありま
す。

4　求められる保育者の役割と家庭支援

　保育所における「家庭支援」を実現していくためには，その役割を十分に発
揮できる保育者の存在が重要であることはいうまでもありません。保育と家庭
の支援は子どもにとってよりよい生活を保障する相互作用の関係にあります。
そのため，保育者は，日々の保育の中に保護者支援が存在する意識を持つこと
が大切です。たとえば，保護者から「夜になかなか寝てくれないんです」とい
う相談があったとき，子どもの生活全体を把握したうえで，保育の中で身体を

よく動かして遊ぶことを意識したり，保育園での午睡時間を調整したりすることも考えられます。また，「父親が帰ってくるまで寝ないで起きてしまって困っていて」「寝る前にテレビを見るのはよくないのかしら」などの悩みも聞かれます。それに対して，保育者は，良し悪しの判断を下す存在ではありません。どうしていくかを決めるのは保護者です。その際，保育者は保護者の気持ちに共感し，睡眠前のメディアによる視聴覚刺激は興奮して眠りにつきにくくなることなど，必要な情報を提供することができます。子どもの最善の利益を考慮しながら，保護者の気持ちに寄り添い，保育の中で柔軟に対応し，情報提供を行い，一緒に検討していくことが，保護者とともに子どもにとってよりよい環境を作り出す営みとなります。相互の関係性の中で単に相手の変容を促すのではなく，保護者の思いを受け止め，寄り添いながら相手の持っている力を高めていくことを心に留めて支援していくことを忘れてはいけません。

　家庭支援は「日常の暮らしの支援」です。保育者は，子育てをしながら常に生活者として暮らしている保護者の現状や立場を忘れず，保護者の子育ての養育力の向上を図れるよう，子育てのパートナーとしての役割を担っていることを意識することがよりよい支援につながっていきます。

参考文献

厚生労働省編（2018）『保育所保育指針解説』フレーベル館，23〜24頁。

高辻千恵・山縣文治編著（2016）『家庭支援論』ミネルヴァ書房，112頁。

復習課題

① 121頁の事例1を読み，保護者の願いに波線 ＿＿ を，園や保育者がとった支援に下線 ＿＿ を引きましょう。

② 122頁の事例2を読み，保育者が保護者に支援したと思われる箇所に下線 ＿＿ を引きましょう。

ワークシート　次の事例を読んで，設問に答えましょう。

　ひとり親家庭で4人きょうだいの末っ子，Yちゃん（3歳児）。保育園を休むことが多くあります。本児が欠席の際は，主に中学3年，小学6年のきょうだいが面倒を見ています。欠席理由は，主に本児自身の体調不良が多く，きょうだいが体調不良でも欠席する状況にあります。保育者は，本児とその家族への心配が大きく，本児が登園した日は，送迎時に園での様子を伝えています。

① 　保育者が心配していることは何でしょう。

② 　どのような支援が必要なのか，本章の内容を踏まえながら考えましょう。

第 13 章

地域の子育て家庭への支援

予習課題

2015（平成27）年4月から施行された子ども・子育て支援新制度において，市町村は，すべての子育て家庭を対象に13の「地域子ども・子育て支援事業」を実施しています。こども家庭庁のウェブサイトを閲覧して，どのような事業が実施されているか調べて書き出してみましょう。

1 子育て家庭への支援が必要になる背景

① 自分の生まれ育った地域以外での子育て

　かつては，三世代同居も多く，親族や地域の人々など，子どもは誕生時から家族を含め多様な人々が関わって育てていました。ところが，現代の保護者の多くは少子化社会で生まれ，子どもの世話経験が乏しいうえに，地域での付き合いも減少している中で子育てをしています。

　「アウェイ育児」という言葉を聞いたことがありますか？　「アウェイ育児」とは，自分が生まれ育った場所以外で子育てをすることとされています。保護者が慣れ親しんだ環境を離れ，子育てで困ったときに相談する人がいないこと，手助けしてくれる人がいないこと等，知らない土地での生活や親しい人から切り離され，ひとりで子育てをする保護者の負担は図り知れないものがあると考えられます。

　また，我が国では図13-1で示されているように父親の家事関連時間や育児関連時間が短く，家事や育児の多くを母親が担っている状況がみられます。父親とともに生活していても雇用環境の厳しさなどから家族からのサポートが少ない状況も，子育ての孤立化を招いていると考えられています。

② 多様な人との関わりの減少

　受け皿となる施設整備が進んだことや小学校就学前の子どもが減少したこともあり，待機児童は大幅に減少しています。一方で，保育所等を利用していない子どもは家庭で過ごしており，年齢人口から推計される未就園児は，0～2歳児の約6割（182万人）であると報告されています（図13-2）。

---

(1)　NPO法人子育てひろば全国連絡協議会（2016）「地域子育て支援拠点事業に関するアンケート調査2015　地域子育て支援拠点における『つながり』に関する調査研究事業報告書」（https://kosodatehiro-ba.com/new_files/pdf/away-ikuji-hokoku.pdf　2023年9月5日閲覧）。

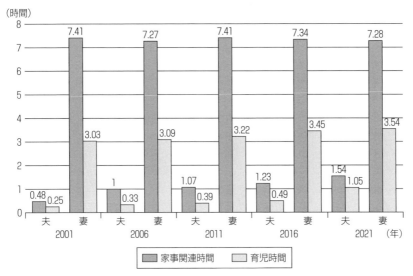

図13-1　6歳未満の子供を持つ夫・妻の家事関連時間の推移（2001〜2021年）（一週全体，夫婦と子供の世帯）

出所：総務省統計局（2022）「令和3年社会生活基本調査　生活時間及び生活行動に関する結果　結果の概要」（https://www.stat.go.jp/data/shakai/2021/pdf/gaiyoua.pdf　2023年7月22日閲覧）より筆者作成。

　また，NPO法人子育てひろば全国連絡協議会が，地域子育て支援拠点を利用する保護者を対象に行ったアンケート調査では，地域子育て支援拠点を利用[3]する前の子育ての状況や心理状態について「子育てをしている親と知り合いたかった」「子育てで，つらいと感じることがあった」「子どもの友だちがほしかった」「家族以外の人と交流する機会があまりなかった」などという結果がみられました（図13-3）。

　保護者にとって，子育てをしている他の保護者とのやりとりがないこと，子

---

(2)　こども家庭庁の「保育所等関連状況取りまとめ（令和5年4月1日）」によれば，待機児童数は，2680人で前年比264人の減少となっている（https://www.cfa.go.jp/assets/contents/node/basic_page/field_ref_resources/f699fe5b-bf3d-46b1-8028-c5f450718d1a/7803b525/20230901_policies_hoiku_torimatome_r5_02.pdf　2023年9月1日閲覧）。

(3)　(1)と同じ。

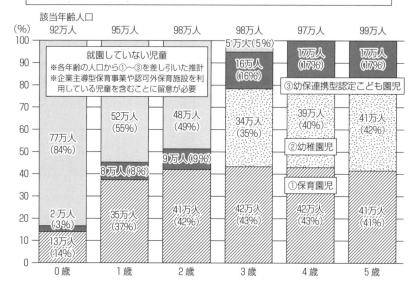

○年齢人口から推計される未就園児は，0～2歳児の約6割（約182万人），3～5歳児の約2%（約5万人）となっている。

該当年齢人口

| | 92万人 | 95万人 | 98万人 | 98万人 | 97万人 | 99万人 |

就園していない児童
※各年齢の人口から①～③を差し引いた推計
※企業主導型保育事業や認可外保育施設を利用している児童を含むことに留意が必要

③幼保連携型認定こども園児

②幼稚園児

①保育園児

- 0歳: 77万人（84%）, 2万人（3%）, 13万人（14%）
- 1歳: 52万人（55%）, 8万人（8%）, 35万人（37%）
- 2歳: 48万人（49%）, 9万人（9%）, 41万人（42%）
- 3歳: 5万人（5%）, 16万人（16%）, 34万人（35%）, 42万人（43%）
- 4歳: 17万人（17%）, 39万人（40%）, 42万人（43%）
- 5歳: 17万人（17%）, 41万人（42%）, 41万人（41%）

※該当年齢人口は総務省統計局による人口推計年報（令和元年10月1日現在）より。なお，各年齢の数値は，人口推計年報における当該年齢と当該年齢より1歳上の年齢の数値を合計し，2で除して算出したもの。
※幼保連携型認定こども園の数値は令和元年度「認定こども園に関する状況調査」（平成31年4月1日現在）より。
※「幼稚園」には特別支援学校幼稚部，幼稚園型認定こども園も含む。数値は令和元年度「学校基本調査」（確定値，令和元年5月1日現在）より。
※保育園の数値は令和元年の「待機児童数調査」（平成31年4月1日現在）より。なお，「保育園」には地方裁量型認定こども園，保育所型認定こども園，特定地域型保育事業も含む。4歳と5歳の数値については，「待機児童数調査」の4歳以上の数値を「社会福祉施設等調査」（平成30年10月1日現在）の年齢別の保育所，保育所型認定こども園，地域型保育事業所の利用者数比により按分したもの。
※「推計未就園児数」は，該当年齢人口から幼稚園在園者数，保育園在園者数及び，幼保連携型認定こども園在園者数を差し引いて推計したものである。このため，企業主導型保育事業や認可外保育施設を利用する児童を含む。
※四捨五入の関係により，合計が合わない場合がある。

図13-2　年齢別の未就園児の割合

出所：内閣府（2022）「全世代型社会保障構築会議（第7回）議事次第」より「基礎資料集」（https://www.cas.go.jp/jp/seisaku/zensedai_hosyo/dai7/sankou1.pdf　2023年8月20日閲覧）。

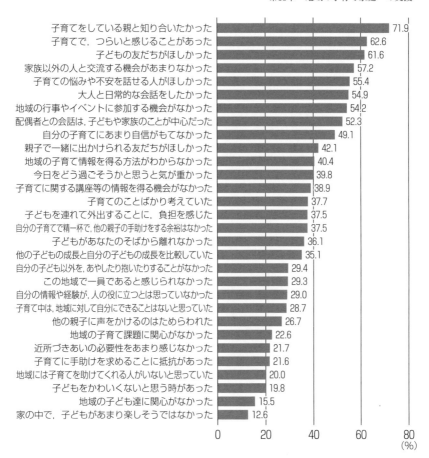

図13-3　拠点を利用する前の子育て状況に関する答え（全体）

出所：NPO 法人子育てひろば全国連絡協議会（2016）「地域子育て支援拠点事業に関するアンケート調査2015　地域子育て支援拠点における『つながり』に関する調査研究事業報告書」（https://kosodatehiroba.com/new_files/pdf/away-ikuji-hokoku.pdf　2023年９月５日閲覧）。

育てについて相談する人がいないことなど，日頃の生活の中で多様な人との関わりをもつ機会が得られにくい状況がみられます。

❸ しつけや教育の情報源

ところで，保護者は，子どものしつけや教育の情報源をどのように得ているのでしょう。首都圏の0歳6か月～6歳就学前の乳幼児をもつ母親4030人を対象としたウェブ調査では，しつけや教育の情報源として，SNS（Facebook，X（旧Twitter），LINEなどのソーシャルメディア），インターネットやブログなどから情報を得ていることが報告されています。SNSなどの普及によって手軽に素早く，心配事や疑問について問題解決を図るための情報は多数，検索することができます。

しかしながら，子育ての情報をSNSなどから得ているものの，年齢や性格，きょうだい関係の有無などが違う中での状況に応じた叱り方やしつけの方法については，その方法が子どもに適っているかどうかはわかりません。

保育者は，子どもとの関わりの中で保護者の子育てについての考え方や，子育ての悩みや不安な気持ちなどに寄り添い，ありのままを受け止める受容的態度で聴き取り，そのように感じざるを得ない心情に共感する姿勢が大切です。そして，子どもや保護者の状況に応じて，具体的に助言したり，実践的に行動見本を提示したりすることを通して，保護者が子育てに自信をもつことにつながるよう支援することも大切だと考えられます。

2　地域に開かれた子育て支援

❶ 保育所における地域に開かれた子育て支援

保育所保育指針の第4章「子育て支援」3「地域の保護者等に対する子育て

---

(4) ベネッセ教育総合研究所（2023）「第6回幼児の生活アンケート」（https://berd.benesse.jp/up
　_images/research/YOJI_all_P01_65_6.pdf　2023年8月9日閲覧）。

支援」(1)「地域に開かれた子育て支援」において「保育所は，児童福祉法第48条の4の規定に基づき，その行う保育に支障がない限りにおいて，地域の実情や当該保育所の体制等を踏まえ，地域の保護者等に対して，保育所保育の専門性を生かした子育て支援を積極的に行うよう努めること」と記されています。

　子どもや保護者の置かれている環境は様々です。たとえば，子育てを手助けしてくれる人がいなかったり，経済的な問題など生活の中で様々な要因が重なったりした場合には，児童虐待はどこの家庭にも起こり得る可能性があるとされています。地域の子育て家庭から見て身近に存在する保育所において，保育所の特性や保育者が有する専門性を生かした助言や，具体的な対応の提示や行動見本の提示を受けることから，児童虐待の予防や保護者が養育のあり方を見つめ直すきっかけにつながることも少なくありません。

　保育所は，地域の子育て家庭に対して，子育ての自信につながるよう親子遊びの提供，親子の交流の促進などを通して，子育て不安の軽減や子どもの健やかな育ちを支援する地域の子育て支援の役割を担っています。このような地域に開かれた子育て支援を進めていく中で，子どもや保護者の状況によっては，保育所の知見や経験だけでは対応が難しい場合もあることに留意し，地域の関係機関と連携して子育て支援を進めていくことが大切です。

❷　保育所の特性を生かした地域子育て支援

　保育所には，保育士や看護師，栄養士や調理員等，保育に携わる多様な職員が配置されています。また，子育て支援活動にふさわしい玩具や遊具，園庭等，安全で活動しやすい環境があります。さらに，常に年齢の異なる子どもが生活している保育所の特性を十分に生かして，子育て中の親子が交流することで，子育ての孤立の防止や，子育ての不安や悩みが生じた際に相談援助を行うなどの保護者への支援が行われています。

　地域の子育て家庭への支援は，園庭開放，親子遊び，行事への招待など様々な機会を通して行われます。たとえば，きょうだい児がいない子どもには，保育所で同年齢異年齢の子どもと関わることができる経験の場になります。保護

者にとっては，他の子どもと触れ合うことで自分の子どもの育ちを客観的にとらえる機会になることや，子どもとの関わり方について保育者の姿や関わり方を見たり，具体的な助言を得たりすることで子育てのあり方を見直したりする場となることでしょう。

このような保育所の強みを生かした地域子育て支援は，普段の生活での孤立感の予防や保護者の不安や悩みの軽減につながるものと考えられます。

③ 地域に必要とされる保育所等における地域子育て支援

子ども・子育て支援新制度は，2012（平成24）年に成立した「**子ども・子育て関連3法**」を根拠法令として，幼児期の学校教育や保育，地域の子ども・子育て支援を総合的に推進することを目的としています。また，子ども・子育て支援法第59条において，市町村子ども・子育て支援事業計画に従って「**地域子ども・子育て支援事業**」として13事業が位置づけられました（表13-1）。

「地域子ども・子育て支援事業」は，すべての子育て家庭を支援するため，「**利用者支援事業**」など，地域のニーズに応じた様々な子育て支援を行う事業であり，一人一人の子どもが健やかに成長するよう支援が展開されています。

保育所等における地域の子育て家庭における取り組みは，「**地域子育て支援拠点事業**」[5]や「**一時預かり事業**」[6]などがあげられます。

「地域子育て支援拠点事業」は，2008（平成20）年「児童福祉法等の一部を改正する法律」により，児童福祉法の事業として位置づけられ，市町村に対してその実施が求められています。地域の子育ての拠点として機能するために保育所等に**地域子育て支援センター**[7]が併設されていることで，地域の子育て家庭にとっては身近な場所で保護者同士が交流できる利点があります。

---

(5) 内閣府（2009）『平成21年版少子化社会白書』135〜136頁。

(6) 一時預かり事業は，「子ども・子育て支援法第59条における地域子ども・子育て支援事業の一つ。家庭において一時的に保育を受けることが難しくなった乳幼児を保育所や認定こども園等で預かる事業」。小池由佳「一時預かり事業」（2021）中坪史典ほか編集委員『保育・幼児教育・子ども家庭福祉辞典』ミネルヴァ書房，462〜463頁。

表13-1　地域子ども・子育て支援事業

地域子ども・子育て支援事業の概要について	
市町村は，子ども子育て家庭等を対象とする事業について，市町村子ども・子育て支援事業計画に従って，以下の事業を実施する。（子ども・子育て支援法第59条）国及び都道府県は同法に基づき，事業を実施するために必要な費用を充てるため，交付金を交付することができる。費用負担割合は国・都道府県・市町村それぞれ1／3（利用者支援事業については，国2／3，都道府県・市町村それぞれ1／6，妊婦健診については交付税措置）	
① 利用者支援事業	子ども及びその保護者等の身近な場所で，教育・保育・保健その他の子育て支援の情報提供及び必要に応じ相談・助言等を行うとともに，関係機関との連絡調整等を実施する事業
② 延長保育事業	保育認定を受けた子どもについて，通常の利用日及び利用時間以外の日及び時間において，認定こども園，保育所等において保育を実施する事業
③ 実費徴収に係る補足給付を行う事業	保護者の世帯所得の状況等を勘案して，特定教育・保育施設等に対して保護者が支払うべき日用品，文房具その他の教育・保育に必要な物品の購入に要する費用又は行事への参加に要する費用等，特定子ども・子育て支援に対して保護者が支払うべき食事の提供（副食の提供に限る）にかかる費用を助成する事業
④ 多様な事業者の参入促進・能力活用事業	特定教育・保育施設等への民間事業者の参入の促進に関する調査研究その他多様な事業者の能力を活用した特定教育・保育施設等の設置又は運営を促進するための事業
⑤ 放課後児童健全育成事業	保護者が労働等により昼間家庭にいない小学校に就学している児童に対し，授業の終了後に小学校の余裕教室，児童館等を利用して適切な遊び及び生活の場を与えて，その健全な育成を図る事業
⑥ 子育て短期支援事業	保護者の疾病等の理由により家庭における養育が一時的に困難となった児童について，児童養護施設等において必要な養育・保護を行う事業（短期入所生活援助事業（ショートステイ事業）及び夜間養護等事業（トワイライトステイ事業））
⑦ 乳児家庭全戸訪問事業	生後4か月までの乳児のいる全ての家庭を訪問し，子育て支援に関する情報提供や養育環境等の把握，育児に関する不安や悩みの相談を行う事業
⑧ ・養育支援訪問事業 ・子どもを守る地域ネットワーク機能強化事業	・養育支援が特に必要な家庭に対して，保健師や助産師，保育士が居宅に訪問し，養育に関する相談に応じ，指導や助言等により養育能力を向上させるための支援を行う事業 ・要保護児童対策地域協議会の機能強化を図るため，要保護児童対策調整機関職員やネットワーク構成員（関係機関）の専門性強化と，ネットワーク機関間の連携強化を図る取組を行う事業
⑨ 地域子育て支援拠点事業	乳幼児及びその保護者が相互に交流を行う場を提供し，子育てについての相談，情報の提供，助言その他の援助を行う事業
⑩ 一時預かり事業	家庭において保育を受けることが一時的に困難となった乳幼児について，主として昼間において，認定こども園，幼稚園，保育所，地域子育て支援拠点その他の場所において，一時的に預かり，必要な保護を行う事業
⑪ 病児保育事業	病児について，病院・保育所等に付設された専用スペース等において，看護師等が一時的に保育等する事業
⑫ 子育て援助活動支援事業（ファミリー・サポート・センター事業）	乳幼児や小学生等の児童を有する子育て中の保護者を会員として，児童の預かり等の援助を受けることを希望する者と当該援助を行うことを希望する者との相互援助活動に関する連絡，調整を行う事業
⑬ 妊婦健康診査	妊婦の健康の保持及び増進を図るため，妊婦に対する健康診査として，①健康状態の把握，②検査計測，③健康指導を実施するとともに，妊娠期間中の適時に必要に応じた医学的検査を実施する事業

出所：内閣府子ども・子育て本部「子ども・子育て支援新制度について　令和4年7月」（https://www.cfa.go.jp/assets/contents/node/basic_page/field_ref_resources/59cb59b3-ce0e-4a4f-9369-2c25f96ad376/0a86ca26/20230929_policies_kokoseido_outline_01.pdf　2023年11月19日閲覧）より筆者作成。

たとえば，保護者が気軽に訪れ参加しやすい雰囲気の中で，離乳食づくりや試食会など具体的な取り組みを通して，食事のメニューのアイデアや子どもの発達にあわせた食事のあり方などについての正しい理解が進められるなど子育ての自信につながるよう支援を行っています。

　また，子育て支援の一環として，「一時預かり事業」も実施されています。保育所等に在籍していない子どもをもつ保護者に対して，子育てに伴う心身の負担を軽減するためや，仕事や疾病，冠婚葬祭のほか一時的に家庭における保育が困難となる場合に，保育所等や地域子育て支援拠点で保育を行っています。「延長保育事業」や「病児保育事業」などは，保護者の就労などのニーズに応じた多様な保育サービスとして保育所等で実施されています。

　このような地域子育て支援活動の活用により，子育て家庭にとって保育所等の保育内容への理解につながることや，活動の参加を通して地域の中に顔見知りが増えることなどから，安心感につながることも期待されます。今後とも地域の実情に応じて保護者や地域に必要とされる子育て支援を展開することが期待されています。

④　地域の関係機関等との連携

　地域子育て支援拠点事業は，保育所等，公共施設・公民館，児童館，空き店舗・商業施設などで実施されています。この地域子育て支援拠点では，保育者が支援しているところがあります。その際，保育者は子どもを保育する立場から子どもや保護者，その家庭状況について異変や違和感に気づくことがあります。そのような場合には，関係機関に相談や情報提供を行いより適切な支援に

---

(7)　地域子育て支援センターは，「厚生労働省が行っている地域子育て支援拠点事業が運営する施設のことであり，子育て親子の交流の場の提供と交流の促進，子育て等に関する相談，援助の実施，地域の子育て関連情報の提供，子育ておよび子育て支援に関する講習等の実施を主に行っている。実施場所は，公共施設空きスペース，商店街空き店舗，民家，マンション・アパートの一室，保育所，幼稚園，認定こども園，児童館等の児童福祉施設等であり，センターにより週に3～7日開催されている」。庭野晃子（2019）「地域の資源の活用と関係諸機関との連携・協力」松村和子編著『子ども家庭支援論』建帛社，87頁。

つないでいく必要があります。

　さらに，保育所等や保育者による対応だけでは不十分な場合や，自らの機能に限界があると判断した場合には，民生委員・児童委員等の子育て支援に関わる人々との協働や，様々な民間資源を活用するなど関係機関との連携が求められています。

3　地域子育て支援拠点での取り組み

　ここでは，地域子育て支援拠点における地域の保護者に対する支援事例から保育者の役割について考えていきましょう。

1　保護者のもつストレングスに目を向ける

> **事例1　「私たちで自主サークルを作ります」**
>
> 　1歳児のY子の保護者Aは地方から引っ越し後，慣れない環境で孤立感を抱きながら子育てをしていました。子育てサークルに参加しても周囲の子どもや保護者と関わることが難しい様子でした。Aがクッキーづくりやケーキづくりが趣味であることを知った保育者は，親子で簡単にできる「じゃがもちクッキング」を計画しました。Aは手早く作業し，周りの子どもや保護者と会話するなど取り組みをきっかけに笑顔も見られるようになりました。その後，自分たちでお茶会を開催したいとの要望を受けて場を提供すると，みんなでお菓子やお茶を楽しみながら，子育てサークルに参加して仲間ができて子育てが楽しくなったことなどを語り合い，つながりが深まりました。
>
> 　1年間の子育てサークルが終了する頃には，自分たちで得意なことを持ち寄って遊ぶ自主サークルを立ち上げることになりました。

　この事例では，保育者が地域の中で孤立していると感じているAに対して，Aがもっているストレングス(8)に目を向けています。クッキーづくりやケーキづくりが趣味であるAの力を引き出し，場を提供することで，自らの力で周囲の

保護者と関わることができるよう援助しています。保育者は何気ない会話から保護者自身がもつストレングスに着目して支援していくことが大切です。

　さらに、Y子にとっては、子育てサークルの他の保護者や年齢の異なる子どもなど身の回りに様々な人がいることに気づき、子ども同士の関わりをもつことにつながると考えられます。

② 関係機関と連携する

> **事例2　「子どもが可愛くない、どうしたら？」**
>
> 　小さくてよく聞き取れない声で「生後3か月のBをみるのがしんどい、どうしたらいいか？」という内容の電話相談がありました。保護者CのSOSの訴えに保育所で園庭開放や、地域子育て支援センターも設置されていることから、Bを連れて遊びに来るよう働きかけました。地域子育て支援センターではBと関わる様子や気分が塞ぎ込んでいる様子、疲労感を滲ませている様子などを丁寧に観察しました。Bの目をみて話しかけたりあやしたりしながら、夜泣きがひどいこと、ミルクを飲まないことなどの相談を丁寧に聴いていきました。また、言葉だけのアドバイスにならないよう具体的に見本を提示し、Cができているところを伝えるようにしました。
>
> 　Cと信頼関係ができた頃に「子どもは母親が育てるべきなのに子どもが可愛くない、どうしたらいいか？」という内容の話を聴く中で、保健師等による家庭訪問や、地域の保護者や他の子どもとの交流も可能であるため、地域子育て支援センターの定期的な利用を促したりしながら親子を見守っていきました。保育所への入所が決まる頃には、「自分だけが頑張らなくてもいいと思えるようになった」と前向きな気持ちを話してくれるようになりました。

　この事例では、保育者はCの子育てをしていくうえでの心配や不安などの気

---

(8)　ストレングスは、「支援を必要としている人が個別的にもっているプラス面の強みのことである。その人自身が抱えている問題を否定的でなく肯定的にとらえ、何かができるという能力、何かがしたいという願望や意欲、好みや資質などの側面を示す」。室井佑美（2020）「保育所等を利用する子どもの家庭への支援」原信夫・松倉佳子・佐藤ちひろ編著『子ども家庭支援論』北樹出版、85頁。

持ちに寄り添い，地域子育て支援センター等の環境を活かしながら支援しています。

　また，保育者はCの話を丁寧に聴いて受け止め，保健師等や保健センター担当課の関係機関とつながり，連携を図りながら支援を継続しています。地域の子育て支援にあたっては，関係機関とつながり連携がうまく機能するよう，日頃から連絡を密にとり合って対応することが大切です。

4　地域の子育て家庭を支えるための保育所等の役割

　現在，2025（令和7）年からの「こども誰でも通園制度」の制度化に向けて検討が進められています。この制度は，子育ての孤立の防止や，子育てに不安が生じた際の保護者の悩みの解消や，現行の幼児教育・保育給付に加えて，保護者の就労要件を問わないで時間単位で保育所等に未就園児を預けることができるとされています。また，このように未就園児が保育所等に通園することで[9]，子どもにとってもいろいろな年齢の子どもと過ごす経験をすることが可能です。

　保育所等や保育者には，保育所等を利用している保護者だけではなく，すべての子育て家庭を視野に入れ保護者が子育てをしていくうえでの安心感につながるよう支援する役割が期待されています。

参考文献

秋田喜代美（2023）「こどもまんなか社会が目指す方向性——こども基本法の理念を自分事に」『発達』175，ミネルヴァ書房，2～9頁。

厚生省（1994）『厚生白書　平成5年版』。

社会福祉法人日本保育協議会（2010）「みんなで元気に子育て支援——地域における子育て支援に関する調査研究報告書」（https://www.nippo.or.jp/Portals/ 0 /images/research/kenkyu/h21sien.pdf　2023年8月19日閲覧）。

(9)　「『こども未来戦略』～次元の異なる少子化対策の実現に向けて～」（2023）（https://www.cas.go.jp/jp/seisaku/kodomo_mirai/pdf/kakugikettei_20231221.pdf　2024年2月10日閲覧）。

奥山千鶴子（2021）「人生のスタートを孤立させない」（https://www.cas.go.jp/jp/seisaku/kodoku_koritsu_forum/dai1/siryou3.pdf 2023年8月19日閲覧）。

認定NPO法人児童虐待防止協会「子ども虐待とは」（https://www.apca.jp/about/childabuse.html 2023年11月15日閲覧）。

諸富祥彦（2010）『はじめてのカウンセリング入門上 カウンセリングとは何か』誠信書房。

復習課題

地域子育て支援拠点事業の課題の一つに子育て家庭が「地域や必要な資源とつながらない」ことがあります。自分の住んでいる地域では，地域の子育て家庭に対してどのような子育て支援サービスが展開されているか調べて書き出しましょう。

ワークシート　次の事例を読んで，設問に答えましょう。

定期的に「園庭開放」に参加しているＵ児（２歳児）はどんなことにも好奇心旺盛です。ある日のこと，同じ利用者のＡ児がスコップとカップを使って砂で型抜き遊びをしていると，突然Ｕ児がＡ児の作ったものを壊しスコップやコップも取り上げてしまったのでＡ児は泣き出してしまいました。

すぐに，(1)Ｕ児の保護者が「Ｕ児，ダメ！」と怒ったりＡ児の保護者に謝ったりしましたが，Ｕ児はなぜ自分が怒られているのか理解できないようでした。その様子をみていた保育者が，みんなのそばに来て，(2)「Ａ児さん，作ったものが壊れて悲しかったね。先生ともう一度つくろうか。Ｕ児さんもＡ児さんみたいにたくさん作りたかったんだね。Ｕ児さんも一緒に作ろうよ」と声をかけました。いつもなら癇癪が収まらないＵ児ですが，しばらく考えて遊びに参加することができました。その日の帰り際にＵ児の保護者は，「先生，うちの子どもの気持ちを教えてくれてありがとう。Ｕ児はＡ児さんみたいに型抜きを作りたかったんやね」と言って帰りました。

① なぜ，(1)の対応をしたのでしょう。保護者の気持ちを書きましょう。

② 地域の子育て家庭では様々な人と接する機会が減少し，子どもにどのように関われればよいかわからず悩んでいる保護者も少なくありません。(2)では保育者がＵ児の気持ちを丁寧に代弁しています。なぜ，このような対応をしたのでしょう。

③ あなたが保育者なら保護者や子どもにどのように関わりますか？

第 14 章

要保護児童等及び家庭に対する支援

予習課題

児童虐待事件を調べましょう。問題ない家庭や軽度の虐待と見られていた時期を経て，死亡・重傷の結果に至った例があります。結果だけでなく，家庭の変化や虐待予防にも目を向け，保育者に何ができるか考え書き出してください。

1 要保護児童等の定義と要保護児童施策

「**要保護児童**」とは，保護者が養育できない，あるいは，保護者の養育が不適切なため，社会的な保護が必要な子どものことです。その具体的な理由は表14-1の通り様々ですが，現在，児童虐待を理由とする子どもが多くなっています。また，「**要支援児童**」と「**特定妊婦**」も虐待予防対策を必要とする対象です（表14-1）。

要保護児童に対する施策としては，①緊急の場合等の**一時保護**，②家庭から子どもを分離保護し，児童養護施設・乳児院等の児童福祉施設や里親家庭で安心した生活を保障する**代替養育**，③それら施設や里親家庭等から家庭への帰宅・復帰や自立支援を目指す，といった**社会的養護**施策が展開されています（図14-1）。

一方，児童虐待を受けている子どもが発見されても，家庭から分離して保護

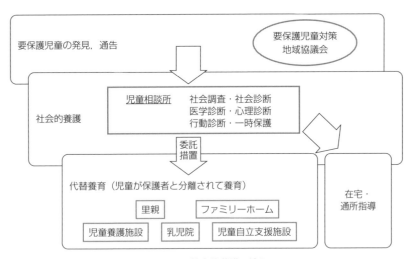

図14-1　社会的養護の流れ

出所：総務省行政評価局（2020）「要保護児童の社会的養護に関する実態調査結果報告書」3頁，図1-③をもとに筆者作成。

表14-1　要保護児童等の概要

要保護児童	「保護者のない児童又は保護者に監護させることが不適当であると認められる児童」（児童福祉法第6条の3第8項）。保護者の死亡，家出・行方不明，拘禁，入院，精神疾患，経済的問題等の理由や児童虐待により，保護を必要とする子ども，非行少年。
要支援児童	乳児家庭全戸訪問事業他により保護者に強い育児不安や育児知識の不足等があるとわかった，「保護者の養育を支援することが特に必要と認められる児童」（児童福祉法第6条の3第5項）。要保護児童を除く。
特定妊婦	未婚，10代若年，精神疾患，障がい，DV問題を抱える，実家に頼れないなど，出産後の育児が危ぶまれ，出産前から支援を必要とする妊婦。

出所：児童福祉法をもとに筆者作成。

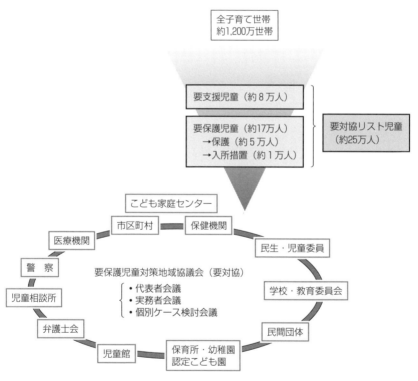

図14-2　要保護児童対策地域協議会と対象児童

出所：こども家庭庁児童虐待防止対策部会資料3「こども家庭福祉をとりまく現状と対応」（2023年5月）をもとに筆者作成。

する必要まではない，一時保護したがすぐに家庭に帰せる子どもは，保護者とともに在宅で支援を受けます。虐待事例の大半は，この在宅の地域支援事例です。各市区町村には，**要保護児童対策地域協議会**（要対協）がおかれ，地域で暮らす要保護児童等に対し，各施設・機関が，問題の早期発見・早期対応，支援の重なりを調整するため，情報共有し，連携できるネットワーク体制をつくっています。保育所等もその一員に位置づけられています（図14-1，14-2）。

2　児童虐待の基本的理解

❶　児童虐待の定義と実態

　2022（令和4）年度中の全国の児童相談所が受け付けた児童虐待相談対応件数は，21万9170件（速報値）で過去最多であり[(1)]，少子化の実態を考えあわせると児童虐待は近年，激増しているといえます。

　「**児童虐待**」とは，「**児童虐待の防止等に関する法律**」（児童虐待防止法）で定められた保護者等による暴力であり[(2)]，表14-2の通り4つの種類に分類されます。実際は，複数の種類の虐待が重複して起こることも多く，生命を脅かす，性的虐待など家庭からの分離保護が必要なレベルの"重度"，在宅支援でも養育の改善が見込まれる"中度"や"軽度"，と重症度に幅があり，その実態は

表14-2　児童虐待の種類と内容

身体的虐待	殴る，叩く，蹴る，やけどを負わせる，首をしめる，など，身体に外傷が生じ，又は生じるおそれのある暴行を加えること
性的虐待	性的行為，性関係の強要，性的な刺激を与える，ポルノグラフィの被写体にする　など
ネグレクト	適切な衣食住の世話をしない，学校に行かせない，医者に診せないなど養育を拒否する，子どもの放置　など
心理的虐待	子どもへの著しい暴言，子どもの存在の無視・軽視，きょうだい間の差別，子どもの目の前で家族に対して暴力をふるう，ＤＶを見せる　など

出所：こども家庭庁「児童虐待防止対策」（https://www.cfa.go.jp/policies/jidougyakutai/　2023年9月27日閲覧）をもとに筆者作成。

児童相談所における虐待相談の種別

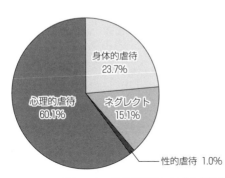

児童相談所における虐待相談の
年齢別構成割合

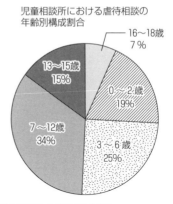

図14－3　児童相談所における虐待相談の種別と年齢別構成割合

出所：厚生労働省「福祉行政報告例（令和3年度）」(2021) をもとに筆者作成。

多様です。

　現在，統計上は，心理的虐待が最も多く（図14‐3左），その要因として，父母間のドメスティック・バイオレンス（DV）を見聞きした（**面前 DV** といいます）子どもが，心理的虐待を受けたとみなされ，DV 対応を行った警察からの通告が増えていることがあります。

　そもそも密室化した家庭の中で起こる虐待は発見されにくいものです。虐待されている子ども自身も虐待者を恐れる，かばう，恥ずかしい，自分のせいだとがまんする，といったことから，援助を求めず，虐待の事実を否定することもあります。性的虐待などの実数は，さらに多いと理解する必要があります。

❷　乳幼児に対する虐待の特徴

　虐待相談の被害児童のうち，乳幼児は約4割を占めています（図14‐3右）。また，大人の全面的な世話を必要とし，自ら抵抗することが最も難しい乳幼児に対する虐待は，死亡率，重症度が高い特徴があります（心中を除く児童虐待死

---

(1)　こども家庭庁（2023）「令和4年度児童相談所における児童虐待相談対応件数（速報値）」。

(2)　児童虐待防止法では「保護者」に親権者，未成年後見人その他，児童を現に監護する者を含んでいる。
　　なお，児童福祉入所施設職員や里親等による措置児童に対しての暴力は，「被措置児童等虐待」という。

亡事例のうち3歳児以下76.1％，0歳児48.5％）[3]。さらに，虐待は生命に関わるだけでなく，心身の発達の遅れ，**愛着**形成困難による対人関係や集団不適応等の問題，脳機能への悪影響[4]，**PTSD（心的外傷後ストレス障害）** の発症等，子どもの生涯にわたり影響を及ぼす恐れがあります。

　虐待の起こる要因・背景には，経済的な問題や孤立した家庭，DV等の家族間の不和，望まぬ妊娠，**虐待の世代間連鎖**（親自身が虐待されて育ち，その子育てに虐待傾向が認められる），保護者に病気や障がいがある，子どもに発達の遅れや障がい等の特性があり育てにくい，などがあげられます。

　ただ，多くの時間と労力がかかる乳幼児の世話は，どんな保護者にとっても養育負担が重くのしかかります。たとえ今，虐待や不適切な養育が起こっていない家庭でも，育児不安は起こりやすく，日頃から十分な保育と家庭支援を行うことが，虐待予防にもなるという意識を保育者はもちたいものです。

3　保育現場における虐待対応

1　虐待の発見と通告

事例1　虐待が疑われる子どもの発見と通告
　3歳の双子のきょうだいアミちゃんとエミちゃん（仮名）。父が亡くなり母子家庭になってから，アミちゃんの身体に小さな打ち身の痕が発見されました。母は「暴れてどっかで打ったと思う。知らないときにできた」と言います。傷痕の写真とやりとりを記録に残し，園長と見守っていたある日，アミちゃんの太ももに大人の手のひら大の痕が数か所発見されました。母に問うと「知らない」と，走って園から出ていってしまい，園長・主任・担任で現状を確認して市に通告しました。ア

---

(3)　社会保障審議会児童部会児童虐待等要保護事例の検証に関する専門委員会（2022）「子ども虐待による死亡事例等の検証結果等について（第18次報告）」。

(4)　友田明美（2017）『子どもの脳を傷つける親たち』NHK出版。

ミちゃんの一時保護が決定し，市，児童相談所，園は今後の支援方針を話し合いました。その後，家庭に一度引き取られましたが，改善がなく，再び保護され，児童養護施設に入所しました。

　保育者は，母の子どもへの荒い言葉や威圧的な態度に対して，「もう少し優しく言ってあげてね」と声をかけてきました。母ははじめは聞く耳をもたない態度でしたが，保育者は根気よく寄り添い，やがて虐待されて育った生い立ちを母が打ち明けてくれるほど，関係がとれるようになっていました。

　保育者は，子どもと日々接し，その変化をいち早く感じ取ることができ，児童虐待を発見しやすい専門職です。日頃より行政機関に対し情報提供を行いながら，虐待かどうか判断が難しい疑いの段階から，複数の保育者で確認し，市区町村，児童相談所への**虐待通告**を行うことが大切です。通告は，個人情報を漏らす**守秘義務違反にあたりません**。傷痕などの証拠写真，子どもや保護者に関する記録の他，保護者の言い分に惑わされず，虐待リスクのチェックリスト[(5)]に沿って，客観的な視点で情報を整理しておきましょう。

　また，虐待が疑われる保護者との関係づくりは難しい面があります。保育者は保護者と接点が多い強みもありますが，距離感が近すぎても，保護者に同情して冷静な判断ができない，虐待状況を軽く見るといった危険もあります。一園，一人で抱え込まず，園内での職員連携と外部の専門機関との連携による支援が基本です。

❷　他機関との連携による養育環境の改善

事例2　地域での支援　他機関との連携
　一家で路上生活，子どもたちが施設保護された経験をもつ両親と子どもの6人家族。上のきょうだいは小学校と保育園4歳児クラス，ユウくん（仮名）は2歳児ク

---

(5)　こども家庭庁成育局長，同支援局長通知（2023）「保育所等から市町村又は児童相談所への定期的な情報提供について（周知）」の「気づきのポイント情報ツール」等を参照。

ラスに入りました。ユウくんには，言葉が出ない，表情が乏しい，季節にあった服装でないことが多い，入浴していない，歯科検診後の未受診といった発達上・養育上の課題が多く見られました。母の話は，いつもちぐはぐで，「子どもを施設にあずけて掃除したい」「夫から支配され自分では何も決められない」との発言もあり，母への働きかけだけでは，とうてい状況は改善しそうにありません。

　母は精神疾患ではないか，との保健師の見立てをもとに，保健師，市，児童相談所，園は，支援計画を立て，保健師と保育者で家庭訪問を行いました。父に，母子の支援が必要と訴えたところ，「うちは大丈夫」と断られました。あきらめず両親へのアプローチを続け，半年経った頃，父の態度もやわらぎ，母はメンタルクリニックを受診し，「統合失調症」と診断され，服薬するようになりました。ユウくんは，児童相談所で発達検査を受け，療育手帳を取得し，今では，療育機関に母子で通っています。

　事例2は，保護者の養育能力に限界があり，地域の関係機関との連携のもと，家庭が様々な社会制度・サービスを利用することで，養育環境の改善が目指されています。できる限り子どもが家庭で生活できることを目指すのが，国の方針です。また，養育環境が悪化して施設に保護されても，**親子関係を再構築**し，再び家庭で生活できることが目指されます。

③　しつけの方法を伝える支援と子どもへの個別的な対応

　2019（令和元）年6月の児童福祉法と児童虐待防止法の改正により，保護者は子どもの**しつけに際して体罰をしてはならない**と明文化されました。しかし，まだ体罰がしつけとして効果があると信じている家庭も少なくありません。保育者は，虐待家庭に限らず，広く，子どもの適切な理解やしつけの方法を保護者に伝える役割があります。事例3では，しつけをめぐる母への支援と，傷つ

---

(6)　2017年実施の調査では，約6割の大人がしつけのために叩くこと，体罰を容認しているという結果であったが2021年では約4割と体罰容認派が減少した調査報告が示されている（公益社団法人セーブ・ザ・チルドレン・ジャパン（2021）『子どもの体やこころを傷つける罰のない社会を目指して──子どもに対するしつけのための体罰等の意識・実態調査結果報告書』）。

いた子どもに保育者が丁寧に向き合う支援が行われています。

事例3　"しつけについて一緒に考えよう"

　外国籍の父，日本国籍の母，姉（小1），リオくん（仮名・4歳），弟（2歳）の家族。近隣から「男の子が泣いている。男性の大きな声がしていて，叩かれているのでは」という通報があったと，児童相談所から園に状況確認の連絡が入りました。お迎えのとき，通報があったことを伝え，困っていることはないかとたずねると，母は「ムチで叩いてでもしつけるパパの国の風習に従うつもり」と言いました。保育者は「それは日本では虐待ととらえられます」と，しつけと虐待の違いを説明し，「お母さんがリオくんを守ってほしい」と伝えましたが，母はそれには何も応えず帰宅しました。

　リオくんは，その後，園での暴言・暴力が増え，感情のコントロールが難しくなってきました。保育者は給食後に職員室でオセロゲームをするなど，一対一のかかわりを持つようにしました。約半月後，リオくんは「なんでぼくだけ叩かれるのかわからない」とつらい気持ちを打ち明けてきました。保育者は，母に，父の思いはリオくんに伝わっていない，ただ怖いという感情しか残っていないことを伝えました。母は「そんなリオの気持ちを初めて知りました」と，これからどうすればよいかを聞いてきました。「暴力ではないしつけの方法を一緒に考えよう」と父に提案してほしい，希望するなら保育者も同席できる，と伝えました。その後，父母は話し合い，今では，リオくんも落ちついて，園での生活を過ごしています。

　保護者にどのような理由や意図があっても，暴力や暴言により，子どもにとってよくない状態が認められ，子どもの権利を侵害する行為は虐待です。虐待を受けている子どもは，表14-3のような特徴があり，園での集団生活が安定

表14-3　保育現場で子どもに見られる主な虐待のサイン

・服装や身体が不衛生　・不自然なケガやあざ　・ケガやあざが繰り返される ・虫歯の放置　・理由不明な欠席が続く　・過食　・暴言を吐く　・物に当たる・壊す ・人に対する攻撃的な言動　・うつろな表情　・パニックや怒りの表出　・赤ちゃん返り ・身体や知的発達の遅れ　・保育者を独占したがる　・過度に甘える　・何事も自信がない ・活動に参加したがらない　・落ち着きがない　・帰宅を嫌がる　・性的な行動　　　など

出所：倉石哲也（2018）『保育現場の子ども虐待対応マニュアル——予防から発見・通告・支援のシステムづくり』中央法規出版をもとに筆者作成。

せず，他児とのトラブルに発展することも多くあります。そのことで，さらなる傷つき体験とならないように，保育者はできる限り個別的な対応の時間をもち，問題行動を責めず，安心できる大人として，子どもとつながることが望まれます。

参考文献

米澤好史編著（2019）『愛着関係の発達の理論と支援』金子書房。

復習課題

要保護児童対策地域協議会の参加施設・機関の各特徴をまとめ，虐待対応において保育者とどのような連携ができるか，学びを深めましょう。

ワークシート　本章の内容を踏まえて，以下のことに取り組みましょう。

① 「要保護児童」とは，どのような児童か，具体的な例をあげてください。

```
........................................................
........................................................
........................................................
........................................................
```

② それぞれ虐待の種別として何が疑われるか，答えてください（複数回答可）。

事例 1 ....

事例 2 ....

事例 3 ....

③ 保育者が行う虐待通告で大切なことをまとめましょう。

いつ　　　：虐待かどうか（　　　　　　　　　　　　　　　　　　　） 段階で

だれが　　：保育者一人ではなく（　　　　　　　　　　　　　　　　　）

どこに　　：行政機関（　　　　　　　　　　　　　　　　　　　　　　） に

どのように：証拠写真ほかの記録の用意，虐待リスクのチェックを行う

　　　　　　保育者の（　　　　　　　　　　　　　　　　　） 違反に当たらない

④ 事例 3 を振り返り，しつけと虐待との違いを説明してみましょう。

```
........................................................
........................................................
........................................................
........................................................
```

⑤ 虐待された子どもへの一対一の対応として気をつけたいことは何でしょう。

```
........................................................
........................................................
........................................................
........................................................
```

第 **15** 章

子ども家庭支援に関する現状と課題

予習課題

新聞記事から「子育て支援」や「子ども家庭支援」に関する先進的な取り組みを調
べて，どのような内容か要点を記述しましょう。

1 地域への新たな子ども家庭支援

　1990（平成2）年の児童福祉法の改正で保母の業務規定が設けられ，「子どもを保育すること」に加え，「保護者への指導（支援）を行うこと」が明記されました。その後，男女同権の考えの広がりや男女共同参画社会基本法の成立を受け，1999（平成11）年に改定された児童福祉法で「保母・保父」から「保育士」という名称に変更されました。さらに，同年に改定された保育所保育指針には「保育所における子育て支援」（第13章）が明記され，保育所保育士の業務の柱に「地域への子育て支援を行うこと」が加わりました。

　現在，地域の子育て支援については，幼稚園教育要領および幼保連携型認定こども園教育・保育要領にも「地域への子育て支援を行うこと」（以下，地域子育て支援）が明記され，保育所保育士のみならず，幼稚園教諭や保育教諭等の保育者にとって業務の柱の一つとなっています。

　昨今，多くの保育施設や教育施設では，地域子育て支援事業として，電話相談や園庭開放，体験保育や一時保育などを実践している状況があります。

　ここでは，新たな地域子育て支援を具現化している取り組みを紹介します。

事例1　地域交流と子ども家庭支援の取り組み

　当園（心の森）を運営する法人では，教育・保育，障害福祉サービス，介護分野の事業を運営しています。特に幼保連携型認定こども園，保育所，児童館を経営するノウハウを活かし，地域の子育てに関する課題にも取り組んでいます。

　また，「学習支援」という名目で，地域の小・中学生を対象に，学校や塾以外の場所で安心して過ごしたり，一息ついたりできるような場所の提供ができればと考え，第3土曜日に開催しています。

　この事業のねらいは，まず地域の中に潜んでいる「課題を抱えている家庭」や「支援すべき家庭」を把握することです。地域の中の様々な支援の一つとして，児童館や子ども食堂など，より身近に相談できる場所の確立や，支援の入り口としての役割を目指しています。

現在は，第３土曜日の月１回の開催で，法人が運営する就労支援事業のカフェ内にて，小学校１年生〜中学校１年生までの約10名が参加しています。各々が持ってきた宿題や課題に取り組んだ後は，認定こども園で乳幼児と関わり，最後にはカフェで作っているおやつを提供しています。保護者の方も一緒に参加していただける家庭もあり，子どもの活動中に，カフェで一息つく方もいらっしゃいます。法人としては，障害福祉サービスや介護事業を営み，それぞれが縦割りにならぬよう横断的な運営に努めていますので，支援の対象は，乳児や保護者といった単位ではなく，幅広く世帯全体を包括的に支える，といった姿勢で臨んでいます。

現状の課題として，参加者一人一人の相談事や，思いを聞くタイミング，また，家庭に対してのアプローチの方法，そして，本事業の地域全体への周知方法などを検討しているところです。

世間一般には，認定こども園や保育所は，まだまだ乳幼児期の子どもの教育・保育だけが役割だと認識されている部分もあると感じていますが，私たち保育者の専門性を，より家庭支援や地域支援に活かしていきたいと考えています。

今後の学習支援事業の展望として，地域支援の窓口として「あそこに相談してみよう」と思ってもらえたり，「そういうことなら，あそこに相談したら良い」とお薦めしてもらえたり，「支援の入り口（何でも相談できる場）」として，地域に広く認識いただけるよう努めたいと思います。

幼保連携型認定こども園・心の森（兵庫県神戸市垂水区）

　この取り組みは，政府が提唱している"切れ目のない支援"（ライフステージごとで支援が切れるのではなく，成長発達を長い目で支えていくこと）にもつながっています。さらに卒園児だけに限定するのではなく，広く地域の子どもや家庭の支援につなげています。もともと法人全体が多種にわたる事業を展開していることが強みです。また，各施設や事業所が連携し有機的に結びつくことで，乳幼児期の子育て支援の範囲にとどまらず，就学期においても学習支援を基軸に児童生徒期の多様なニーズに応える総合的な支援につながっています。もし紹介事例のように同じ法人内に多種の施設や事業所がない場合は，地域内で他の法人と連携することで，多様かつ総合的な子ども家庭支援が可能になると考

えられます。

2 発達課題に応じた子ども家庭支援

　厚生労働省によると，全国の保育施設において障害のある児童の受け入れ数は年々増加しています。2013（平成25）年3月末の1万4658園から2022（令和4）年3月末には2万1143園と受け入れ保育施設自体も増加していますが，2013（平成25）年3月末の5万788人から2022（令和4）年3月末には8万6407人と障害のある児童の受け入れ人数も大きく増加しています[1]。今後も障害や発達課題のある児童が増加することが予想され，保育所，認定こども園などの保育現場では，リーダー的職員の育成や障害児保育を担当する職員の専門性向上を図るため，2017（平成29）年度より開始した「保育士等キャリアアップ研修（障害児保育分野）」の研修受講を推奨しています。

　これまでは障害や発達課題のある乳幼児への保育や支援を園内で検討し，保護者と面談を重ね，専門機関や関係施設・事業所との情報交換をしている園が多い状況でした。障害のある児童を担当する保育者の不足や保育者の業務過多が見られる中で，子ども本人や保護者の思いを汲み取り，将来を見据えた"よりよい成長・発達"を支援するために，専門機関や関係施設・事業所との密な連携をどのように図っていくのかが課題となっています。

　そこで，障害のある子どもと地域子育て支援を実践している取り組みを紹介します。

事例2　保護者，専門機関・施設等の連携による子ども家庭支援の取り組み
　当園（甲南こども園）は「すべての子どもたちの今と未来のために」を教育保育目標に掲げ，日々の経験が積み重なり，成長著しい乳幼児期の6年間で大人になるために必要な基盤となる人格形成の土台が強く作れるようにしています。
　まず情緒を安定させ心穏やかに生活ができるように物的・人的環境を整えていま

---

(1)　内閣府（2023）『令和5年版　障害者白書』勝美印刷，70頁。

す。現在在籍しているAさん（5歳・女児）は知的障害があり，集団よりは一人を好み，園内外の隅っこのスペースで過ごす時間が多いため，クラスを離れ加配の保育者と過ごしています。

Aさんの興味や関心があることを，満足いくまで行えるように見守ったり関わったりしており，朝の会やメインの活動・食事の時間等はその都度担任が声をかけ，無理強いはせず，気が向くタイミングを待って集団での活動にも参加できるようにしています。

このような普段の様子や取り組みを会議で職員へ周知させ，成長を知り喜び，また現状の関わり方を共有しているため，職員全員が本児へ愛情を膨らませ積極的な関わりが持てています。良好な関係が築ける職員が増え，機嫌よく生活する時間が大半となったため，保育者や他の園児などに興味や関心の幅が広がり，視界に入れることが増えてきています。

発語がまだないAさんが仕草や態度で表現できるように支援を行い，徐々に「ちょうだい」「こっちに来て」「おはよう」「バイバイ」の表現ができるようになっています。また促されると衣服の着脱，ごみをごみ箱に捨てることができます。

保護者はもちろん，本児が通っている児童発達支援センターの施設長・担任も含め三者懇談を定期的に実施し，本児の現状把握や支援方法について共通認識を持ち，一貫した関わりができるように努めています。さらには，市の総合療育センターや総合病院（主治医）等の関係機関とも情報連携を図り，当園が大学併設園という利点を活かし心理学科の教員からのアドバイスや協力も得ています。

保護者・家庭との連携としては，保護者の思いを汲み取りながら最善の保育が尽くせるように，定期的な懇談を実施しています。また，送迎時に保育中・家庭での様子を口頭で伝え合うとともに，連絡ノートを利用し保護者と成長した姿を書き留め，同時に意思疎通を図りやすいようにしています。コミュニケーションを図りながら保護者の方が前向きな気持ちで子育てが楽しめるように心がけ，悩みや困り事にいち早く気づき，支えられるように努めています。また保護者の方もリフレッシュできるように仕事のない日もお預かりをしています。

甲南こども園（兵庫県神戸市東灘区）

この取り組みは，政府が提唱している**インクルーシブ保育**のみならず"隙間

のない支援"（関係機関や施設がバラバラの支援をするのではなく，横の連携を密にし，子どもや保護者が混乱なく成長発達をしっかりと支えていくこと）にもつながっています。単なる情報交換にとどまらず，保護者と認定こども園の保育者，児童発達支援センターが定期的に三者懇談を行い，混乱のない支援が実現できています。もし連携が不十分なため，家庭，保育施設，療育施設でバラバラな支援が行われると，子ども自身が混乱に陥ってしまうかもしれません。

　また，療育センターや医療機関と連携し，Ａさんの情報交換を定期的に行い，大学の教員（専門職）からのアドバイスを受けている状況から，子ども（Ａさん）を中心とした子ども家庭支援の地域ネットワークが構築され，質の高い保育や支援が展開できていることがうかがえます。

3　多文化共生を大切にする子ども家庭支援

　2008（平成20）年の「保育所保育指針」「認定こども園教育・保育要領」「幼稚園教育要領」の改定において，「多くの外国籍の子どもや様々な文化を持つ子どもたちが，一緒に生活しています。保育士等は，一人一人の子どもの状態や家庭の状況などに十分配慮するとともに，それぞれの文化を尊重しながら適切に援助することが求められます。また，子どもが一人一人の違いを認めながら，共に過ごすことを楽しめるようにしていきます。保育所の生活の中で，様々な国の遊びや歌などを取り入れたり，地球儀や世界地図を置いたり，簡単な外国語の言葉を紹介していくことも，子どもが様々な文化に親しむ上で大切なことです」と，外国籍の子どもとの交流や多文化共生に関する事項が盛り込まれました。

　文部科学省によると，全国の公立小・中・高等学校，義務教育学校，中等教育学校，特別支援学校における日本語指導が必要な児童生徒は2008（平成20）年時に３万3470人（外国籍：２万8575人，日本国籍：4895人）でしたが，2021（令

---

(2)　厚生労働省雇用均等・児童家庭局保育課（2008）『保育所保育指針解説書』73頁。

和3）年には5万8353人（外国籍：4万7627人，日本国籍：1万726人）へと増加していることが明らかになり，外国籍のみならず両親のいずれかが日本国籍の児童でも日本語指導の必要な児童が増加しています[(3)]。

　また，厚生労働省によると，全国の保育所等の71.1％に外国にルーツを持つ子どもが入所していることが明らかとなりました。東アジア（韓国，中国，台湾など），東南アジア（フィリピン，インドネシア，ベトナム，ネパール，ミャンマーなど），南米（ブラジル，ペルーなど），欧米（アメリカ，フランスなど）等，国籍や使用言語が多岐にわたり，日本語や日本文化・習慣の支援だけでなく，多文化や多言語のサポートが必要なことが明らかとなっています[(4)]。

　そこで，多文化や多言語による子ども家庭支援を体現している取り組みを紹介します。

事例3　"民族保育"と"多民族保育"を大切にする子ども家庭支援の取り組み

　当園（大阪聖和保育園）では，1982（昭和57）年から「民族保育」を実践してきました。取り組み内容としては「韓国朝鮮語で挨拶をする」「韓国朝鮮の歌を歌う」「韓国朝鮮の物語を聞く（絵本等を見る）」「韓国朝鮮の手遊びをする」「韓国朝鮮の遊びをする」「韓国朝鮮の体操をする」「チャンゴやソゴを演奏する（年長児）」「ままごとのお着替えセットにチマチョゴリやパヂチョゴリがある」「韓国朝鮮語が（たてわり）ホームの名前になっている」「韓国朝鮮のメニューが給食に出る」「民族保育月間がある」などです。見ていただいた通り，通常の保育に韓国朝鮮の文化を取り入れたという内容です。

　大阪市生野区は，在日韓国・朝鮮人との長い共生の歴史を持っています。当園でも，子どもたちの約70％は，韓国・朝鮮に国籍やルーツを持っています。「あなたの"いのち"は"かけがえのない素敵ないのち"」ということを伝えるために，上記のような保育を始めました。「おはようございます。アニョハセヨ」と挨拶する

---

(3)　文部科学省（2022）「日本語指導が必要な児童生徒の受入状況等に関する調査」（https://www.mext.go.jp/b_menu/houdou/31/09/1421569_00004.htm　2023年10月31日閲覧）。

(4)　厚生労働省・検討委員会（2020）「保育所等における外国籍等の子ども・保護者への対応に関する調査研究事業報告書」三菱UFJリサーチ＆コンサルティング（https://newswitch.jp/p/28363　2023年10月31日閲覧）6頁，41〜79頁。

ことで，その思いを伝えたいと願ったのです。「文化」を「共生」することが大切なのではなく，大切なのは「あなたの存在」だと，あえて「民族保育」と呼ぶことにしました。言葉や遊び，楽器や衣装，食べ物などの「文化」は，大切な"ツール（道具）"として，様々な保育プログラムや行事にも活用させていただいています。

　今や生野区は，5人に1人が日本以外の国籍やルーツを持っていて，60か国の方々が住んでいるといわれています。当園でも中国，ベトナム，フィリピンなどの国籍やルーツを持つ方々が増えています。それに合わせ「多民族保育」も始めました。「おはようございます。アニョハセヨ，ザオシャンハオ，マダンガンウマガ，シンチャオ，マーチン，ナマステ，サラーム，ハロー，ボンジュール，シャロー ム」と少し長いですが，保育園にいるすべての子どもたちの母国語で朝や夕方の挨拶をしています。そして，子どもたちの国籍やルーツに合わせて挨拶は毎年，変えています。

　中国国籍の0歳児のAちゃんは，朝のおやつの時間，「アニョハセヨ」に続く「ザオシャンハオ」のとき，先生から笑顔を向けられ挨拶を受けていましたが，他の子も先生の真似をして「ザオシャンハオ」というときには，Aちゃんに笑顔を向けるようになっていました。挨拶をしてもらったAちゃんは，誇らしそうにその挨拶を受け，頷くようになりました。「これは，私の言葉，私への挨拶，私は大切な存在」と理解してくれたようです。思いが伝わっていると感じるとてもうれしい時間となりました。

　「多文化共生保育」は「民族や国籍など様々な違いを認め合い，多文化という状況を共に生きるための力を育む保育」ともいわれています。今後も，一人一人が「違う」ことを大切にし「豊かさ」に変わっていくような"民族保育"と"多民族保育"を実践していきたいと願っています。

大阪聖和保育園（大阪府大阪市生野区）

　この取り組みは，約40年以上前から子どもたち一人一人が"かけがえのない素敵ないのち"であることを実感できるように実践してきた**「民族保育」**といえます。**多民族保育**は多文化共生保育と言い換えることもでき，「挨拶に多言語を取り入れる」「給食に多国籍メニューを取り入れる」といった部分的な取り組みにとどまらず，保育のあらゆる場面に多文化が多様に取り入れられてお

り，子どもや保護者が自らのルーツや文化を日常的に体感できるだけでなく，一人一人が「違う」ことを互いに大切にできる"豊かな心"を育める保育といえます。

　もちろん，日本語や日本文化・習慣の支援を部分的に始めている施設や事業所は多いと思います。そこにとどまらず，あらゆる生活の場面で総合的に多文化共生の保育や支援を取り入れると，子どものみならず保護者も「自らと他者の両者を大切にできる根幹」が育っていき，家族・友達・保育者・地域の方々などの様々な存在と，より深い信頼関係を構築していくことができると思います。

4　保育ソーシャルワークによる子ども家庭支援

　本書の各章で触れられてきたように，現在，保育現場では，障害や発達課題のある子どもや保護者の増加，他国にルーツのある子どもや保護者の増加，児童虐待・DVや不適切養育の問題の増加，育児不安や育児ストレスのサポートが必要な保護者の増加，経済的不安を抱える子どもや保護者の増加，不登園や不規則な生活状況の子どもの増加，医療的ケア児の受け入れ促進など，多岐にわたる支援が求められています。それらの支援は保育者や園内だけで解決することが難しいケースも少なくなく，関係機関や専門施設・事業所などと密に相互連携を図るため情報共有が必要です。さらには，情報を集約したり，生活環境や人間関係を調整したり，子どもや保護者に直接働きかけることも求められています。

　これらの複層的な諸課題に取り組み，解決に向けて調整・連携・介入していくためには，保育者の質向上だけでなく，福祉の専門職であるソーシャルワーカーが保育現場で支援を行う必要性が年々高まっています。

　そこで，**保育ソーシャルワーカー**による地域子育て支援を実現している取り組みを紹介します。

事例4　"保育ソーシャルワーカー"による細やかな子ども家庭支援の取り組み

　当法人（みかり会）では，高齢者・障害者・児童の施設・事業所を総合的に運営しています。特に児童の分野では5つの保育園，9つの幼保連携型認定こども園，6つの小規模保育事業所，2つの児童館，1つの児童発達支援・放課後等デイサービスを行う事業所があります。

　2022（令和4）年4月より当法人にソーシャルワーカーが配置されました。配置された理由の一つは園庭開放の目的を達成するために，気軽に相談できる場所として，園が地域住民のコミュニティワークの核となっていきたいということです。もう一つは，園児の家庭が生活上の困難を抱えており，それが複合的で園だけの対応では解決が難しいケースが増えてきたことです。

　現在，園庭開放時にソーシャルワーカーがいることで，保護者自身の悩みや，家族の問題など，何でも相談できる場所が身近な地域にあることを知らせています。

　そして園を巡回し，保育者の話を聞きながら園児のあそぶ姿や生活の様子を観ます。主任や園長など施設責任者から，気になる園児や支援が必要な保護者への対応について話を聞き，ケース会議に同席したり，関係機関への連絡調整をしたりしています。また，困難な事例などは法人内の会議にて他の園と共有しています。

　保育者は，保護者から信頼されている一番コミュニケーションがとれる存在です。保育者の現場での気づき，たとえば保護者に関しては「身だしなみをかまわなくなった」「お迎え時に声をかけても話しをせずにすぐに帰ろうとする」園児に関しては，「給食をガツガツ食べる」「朝が眠くて活動できない」など，気になることは上司に相談し，園全体として見守りの方法や対応，支援について検討していただいています。

　ソーシャルワーカーの仕事はあくまで"後方支援"だと考えています。園での対応や支援について一緒に考え，困り感を聞き出し，保育者のケアやスーパーバイズを行います。決して一人で，また，園だけで抱え込まないように，無理して解決しようとしないように，他との連絡調整が必要となった場合はその役割を担います。

　保育者に言いにくいことは直接ソーシャルワーカーに相談できることを保護者に知っていただき，一人で悩むことのないように支援していきます。

　今後の課題は，ソーシャルワーカーを配置していることについて，地域全体および家庭への周知を継続していくこと，そして，保育者とのコミュニケーションを密にし，共通理解を図ることです。

　ソーシャルワーカーが常に新しい制度や情報を得て，保育者に情報提供できるような研修を実施すること，また，課題を抱えている家庭を支援するために，それぞれの関係機関との連携を一つに束ねた太いパイプをつくりたいと考えています。

社会福祉法人みかり会（兵庫県）

　この取り組みは，子どもや家庭が抱える複層的な諸問題をより良い方向に導いていく効果的な支援にもつながっています。

　2020（令和２）年度に広島県教育委員会では，社会福祉士や精神保健福祉士の資格を持つ相談員を非常勤の「保育ソーシャルワーカー」として県内の幼稚園や保育所に計７人派遣し，発育の遅れや貧困などの悩みを抱える家庭に支援を行い，成果を上げました⁽⁵⁾。文部科学省は，2022（令和４）年度より，主に養育の悩みを抱える保護者からの相談を受け付け，子どもが小学校に進学してから問題行動を起こす「**小１プロブレム**」の解消につなげるために，小中学校の**スクールカウンセラー**やスクールソーシャルワーカーなど子どもを心理面からサポートする相談員を幼稚園にも積極的に配置していく方針を固めました⁽⁶⁾。文部科学省は，**スクールソーシャルワーカー**のように，地方自治体が各保育現場の必要性に応じて保育ソーシャルワーカーを派遣することを検討しています。

　しかしながら，保育ソーシャルワーカーを行政が配置しているケースは少なく，広島県や東京都中野区，大阪市などの一部の自治体，先進的に保育ソーシャルワーカーを雇用している保育施設・事業所に限られています。

　2008（平成20）年度より，文部科学省は，「いじめ，不登校，暴力行為，非行といった問題行動等の背景に，家庭や学校，友人，地域社会など，児童生徒を取り巻く環境の問題が複雑に絡み合い，特に，学校だけでは解決困難なケースについては，積極的に関係機関等と連携した対応が求められ，効果的な取組を

---

(5)　『日刊工業新聞』「幼稚園にもカウンセラー『小１プロブレム』解消へ―文科省」（2021年８月12日）（https://www.nikkan.co.jp/articles/view/00608428　2023年10月31日閲覧）。

(6)　文部科学省（2022）「学校教育法施行規則の一部を改正する省令の施行について（通知）（３文科初等861号）」（https://www.mext.go.jp/b_menu/hakusho/nc/mext_00034.html　2023年10月31日閲覧）。

進めるため，一部の地域で活用されていた社会福祉等の専門家であるSSW（スクールソーシャルワーカー）を活用すること(7)」を目的に，「スクールソーシャルワーカー活用事業」を開始する中で子ども家庭支援を行い，多大な成果を上げてきました。ただし，全国の各地域の小学校や中学校等にスクールソーシャルワーカーが配置されるまで15年近くの年月を要してきました。

つまり，国が子ども家庭支援のために，本格的な「保育ソーシャルワーカー活用事業」を開始したとしても，全国の各園に保育ソーシャルワーカーが配置されるまでに，10年以上の時間がかかる可能性があります。その間，子どもや保護者の諸問題を先送りにするわけにはいきません。各法人や各園で対策や対応を考えていく必要があります。

5 今後の子ども家庭支援

現在，少子高齢化社会かつ人口減少社会の中で，近い将来には都市部でも待機児童が解消され，定員割れの保育所や認定こども園が続出すると考えられています。同時に，保育者不足が課題になり，仮に定員希望があっても保育者が確保できないために，定員を削減したり閉園したりしなければならない施設や事業所が続出することが懸念されています。さらに，核家族化の進行などにより，ますます子育て家庭の孤立も問題となる可能性が高く，多様な子育て課題に対して保護者だけで解決するには限界があります。

今後，保護者や地域から必要とされる保育施設・事業所となるためには，それぞれが様々な家庭子育て支援実践に先進的に取り組む必要があると思います。"不易流行"という言葉があるように，普遍的で大切にすべきこともあれば時代とともに変化していかねばならないこともあります。そのための大切なキーワードが"子ども家庭支援"ではないでしょうか。

---

(7) 文部科学省初等中等教育局児童生徒課生徒指導第一係（2020）「スクールソーシャルワーカー実践活動事例集（平成20年12月）」（https://www.mext.go.jp/a_menu/shotou/seitoshidou/1246334.htm　2023年10月31日閲覧）2頁。

┌─ 復習課題 ─
本章で取り上げた先進的な取り組みを読み，あなた自身がどのような実践をしている保育現場で働きたいのか考えましょう。

─────────────────────────────
─────────────────────────────
─────────────────────────────
─────────────────────────────
─────────────────────────────
─────────────────────────────
─────────────────────────────

ワークシート　価値交流シート：あなたが保育者になったら！

1. まず、A～Kの項目をよく確認してください。
2. 次に、記入例の「令和」「聖」さんの右側にある「あなたの結果」欄のすべての空白に、ご自身のお名前（フルネーム）を記入してください。
3. あなたが保育者として、子ども家庭支援を行ううえで「常に意識すべき事項」であると思う重要項目の優先順位を決め、「順位」欄に、「自分」における優先順位として、[1]から[11]の数字を記入してください（「令和」「聖」さんの記入例参照）。
4. さらに、「あなたの結果」欄の「RK」欄に、優先順位の[1位]～[5位]までにこの印を入れてください。
5. 加えて、あなたが[1位]～[5位]にした各項目が重要だと思う理由を記入しましょう。
6. [メンバー①]～[メンバー④]に、グループメンバーの[氏名]および[順位]欄と[RK]欄に各メンバーの結果をすべて書き写してください。
7. 各々の意見と情熱を駆使して、相手を納得させながら！全員の意見が出たら、皆さんで協議（多数決やジャンケンは禁止）して、全員が納得のうえ、グループでの優先順位を決め、「グループ全体の価値結果」の「順位」欄に、[1]～[11]の順位を記入してください。

重要項目	記入例 令和 順位	RK	聖 RK	あなたの結果 順位	RK	あなたが1位～5位の順位を付けた理由	他者の優先順位 メンバー① 順位	RK	メンバー② 順位	RK	メンバー③ 順位	RK	メンバー④ 順位	RK	グループでの価値結果 順位	RK計
A. 園内に相談室を設置し、保護者が相談しやすくする	1	○				①										
B. 地域の関係機関・施設や専門職との連携を強化する	3	○				②										
C. 保育者による相談支援や地域支援の力量を高める	6															
D. 児童虐待・DV等への早期発見・早期対応に取り組む	9					③										
E. 貧困家庭児童への早期対応に取り組む	8															
F. 保護者同士の良好な人間関係作り・改善に取り組む	5	○				④										
G. 子ども同士のイジメや偏見への早期対応に取り組む	10															
H. 各児童の成長・発達が適切にできる保育力を高める	7															
I. 障害や発達遅れのある児童に対する保育力を高める	2	○				⑤										
J. 外国籍の保護者や児童の支援ができるようにする	11															
K. 小学校や特別支援学校等との連携・接続を強化する	4	○														

付録　社会福祉に関わる専門職の倫理綱領

全国保育士会倫理綱領……………………………………………………………170

日本社会福祉士会の倫理綱領………………………………………………………172

日本介護福祉士会倫理綱領…………………………………………………………176

精神保健福祉士の倫理綱領…………………………………………………………178

全国保育士会倫理綱領

社会福祉法人 全国社会福祉協議会・全国保育協議会・全国保育士会　2003年2月26日採択

前文

すべての子どもは，豊かな愛情のなかで心身ともに健やかに育てられ，自ら伸びていく無限の可能性を持っています。

私たちは，子どもが現在（いま）を幸せに生活し，未来（あす）を生きる力を育てる保育の仕事に誇りと責任をもって，自らの人間性と専門性の向上に努め，一人ひとりの子どもを心から尊重し，次のことを行います。

・私たちは，子どもの育ちを支えます。

・私たちは，保護者の子育てを支えます。

・私たちは，子どもと子育てにやさしい社会をつくります。

（子どもの最善の利益の尊重）

1．私たちは，一人ひとりの子どもの最善の利益を第一に考え，保育を通してその福祉を積極的に増進するよう努めます。

（子どもの発達保障）

2．私たちは，養護と教育が一体となった保育を通して，一人ひとりの子どもが心身ともに健康，安全で情緒の安定した生活ができる環境を用意し，生きる喜びと力を育むことを基本として，その健やかな育ちを支えます。

（保護者との協力）

3．私たちは，子どもと保護者のおかれた状況や意向を受けとめ，保護者とより良い協力関係を築きながら，子どもの育ちや子育てを支えます。

（プライバシーの保護）

4．私たちは，一人ひとりのプライバシーを保護するため，保育を通して知り得た個人の情報や秘密を守ります。

（チームワークと自己評価）

5．私たちは，職場におけるチームワークや，関係する他の専門機関との連携を大切
　にします。

　また，自らの行う保育について，常に子どもの視点に立って自己評価を行い，保
　育の質の向上を図ります。

（利用者の代弁）

6．私たちは，日々の保育や子育て支援の活動を通して子どものニーズを受けとめ，
　子どもの立場に立ってそれを代弁します。

　また，子育てをしているすべての保護者のニーズを受けとめ，それを代弁してい
　くことも重要な役割と考え，行動します。

（地域の子育て支援）

7．私たちは，地域の人々や関係機関とともに子育てを支援し，そのネットワークに
　より，地域で子どもを育てる環境づくりに努めます。

（専門職としての責務）

8．私たちは，研修や自己研鑽を通して，常に自らの人間性と専門性の向上に努め，
　専門職としての責務を果たします。

日本社会福祉士会の倫理綱領

公益社団法人 日本社会福祉士会　2020年6月30日採択

前文

　われわれ社会福祉士は，すべての人が人間としての尊厳を有し，価値ある存在であり，平等であることを深く認識する。われわれは平和を擁護し，社会正義，人権，集団的責任，多様性尊重および全人的存在の原理に則り，人々がつながりを実感できる社会への変革と社会的包摂の実現をめざす専門職であり，多様な人々や組織と協働することを言明する。

　われわれは，社会システムおよび自然的・地理的環境と人々の生活が相互に関連していることに着目する。社会変動が環境破壊および人間疎外をもたらしている状況にあって，この専門職が社会にとって不可欠であることを自覚するとともに，社会福祉士の職責についての一般社会及び市民の理解を深め，その啓発に努める。

　われわれは，われわれの加盟する国際ソーシャルワーカー連盟と国際ソーシャルワーク教育学校連盟が採択した，次の「ソーシャルワーク専門職のグローバル定義」（2014年7月）を，ソーシャルワーク実践の基盤となるものとして認識し，その実践の拠り所とする。

　ソーシャルワーク専門職のグローバル定義　ソーシャルワークは，社会変革と社会開発，社会的結束，および人々のエンパワメントと解放を促進する，実践に基づいた専門職であり学問である。社会正義，人権，集団的責任，および多様性尊重の諸原理は，ソーシャルワークの中核をなす。ソーシャルワークの理論，社会科学，人文学，および地域・民族固有の知を基盤として，ソーシャルワークは，生活課題に取り組みウェルビーイングを高めるよう，人々やさまざまな構造に働きかける。この定義は，各国および世界の各地域で展開してもよい。（IFSW；2014.7.）

　われわれは，ソーシャルワークの知識，技術の専門性と倫理性の維持，向上が専門職の責務であることを認識し，本綱領を制定してこれを遵守することを誓約する。

原理

1. （人間の尊厳）　社会福祉士は，すべての人々を，出自，人種，民族，国籍，性別，性自認，性的指向，年齢，身体的精神的状況，宗教的文化的背景，社会的地位，経済状況などの違いにかかわらず，かけがえのない存在として尊重する。

2. （人権）　社会福祉士は，すべての人々を生まれながらにして侵すことのできない権利を有する存在であることを認識し，いかなる理由によってもその権利の抑圧・侵害・略奪を容認しない。

3. （社会正義）　社会福祉士は，差別，貧困，抑圧，排除，無関心，暴力，環境破壊などの無い，自由，平等，共生に基づく社会正義の実現をめざす。

4. （集団的責任）　社会福祉士は，集団の有する力と責任を認識し，人と環境の双方に働きかけて，互恵的な社会の実現に貢献する。

5. （多様性の尊重）　社会福祉士は，個人，家族，集団，地域社会に存在する多様性を認識し，それらを尊重する社会の実現をめざす。

6. （全人的存在）　社会福祉士は，すべての人々を生物的，心理的，社会的，文化的，スピリチュアルな側面からなる全人的な存在として認識する。

倫理基準

Ⅰ　クライエントに対する倫理責任

1. （クライエントとの関係）　社会福祉士は，クライエントとの専門的援助関係を最も大切にし，それを自己の利益のために利用しない。

2. （クライエントの利益の最優先）　社会福祉士は，業務の遂行に際して，クライエントの利益を最優先に考える。

3. （受容）　社会福祉士は，自らの先入観や偏見を排し，クライエントをあるがままに受容する。

4. （説明責任）　社会福祉士は，クライエントに必要な情報を適切な方法・わかりやすい表現を用いて提供する。

5. （クライエントの自己決定の尊重）　社会福祉士は，クライエントの自己決定を尊重し，クライエントがその権利を十分に理解し，活用できるようにする。また，社会福祉士は，クライエントの自己決定が本人の生命や健康を大きく損ねる場合や，他者の権利を脅かすような場合は，人と環境の相互作用の視点からクライエントとそこに関係する人々相互のウェルビーイングの調和を図ることに努める。

6. (参加の促進) 社会福祉士は，クライエントが自らの人生に影響を及ぼす決定や行動のすべての局面において，完全な関与と参加を促進する。

7. (クライエントの意思決定能力への対応) 社会福祉士は，意思決定が困難なクライエントに対して，常に最善の方法を用いて利益と権利を擁護する。

8. (プライバシーの尊重と秘密の保持) 社会福祉士は，クライエントのプライバシーを尊重し秘密を保持する。

9. (記録の開示) 社会福祉士は，クライエントから記録の開示の要求があった場合，非開示とすべき正当な事由がない限り，クライエントに記録を開示する。

10. (差別や虐待の禁止) 社会福祉士は，クライエントに対していかなる差別・虐待もしない。

11. (権利擁護) 社会福祉士は，クライエントの権利を擁護し，その権利の行使を促進する。

12. (情報処理技術の適切な使用) 社会福祉士は，情報処理技術の利用がクライエントの権利を侵害する危険性があることを認識し，その適切な使用に努める。

II 組織・職場に対する倫理責任

1. (最良の実践を行う責務) 社会福祉士は，自らが属する組織・職場の基本的な使命や理念を認識し，最良の業務を遂行する。

2. (同僚などへの敬意) 社会福祉士は，組織・職場内のどのような立場にあっても，同僚および他の専門職などに敬意を払う。

3. (倫理綱領の理解の促進) 社会福祉士は，組織・職場において本倫理綱領が認識されるよう働きかける。

4. (倫理的実践の推進) 社会福祉士は，組織・職場の方針，規則，業務命令がソーシャルワークの倫理的実践を妨げる場合は，適切・妥当な方法・手段によって提言し，改善を図る。

5. (組織内アドボカシーの促進) 社会福祉士は，組織・職場におけるあらゆる虐待または差別的・抑圧的な行為の予防および防止の促進を図る。

6. (組織改革) 社会福祉士は，人々のニーズや社会状況の変化に応じて組織・職場の機能を評価し必要な改革を図る。

Ⅲ　社会に対する倫理責任

1．（ソーシャル・インクルージョン）　社会福祉士は，あらゆる差別，貧困，抑圧，排除，無関心，暴力，環境破壊などに立ち向かい，包摂的な社会をめざす。

2．（社会への働きかけ）　社会福祉士は，人権と社会正義の増進において変革と開発が必要であるとみなすとき，人々の主体性を活かしながら，社会に働きかける。

3．（グローバル社会への働きかけ）　社会福祉士は，人権と社会正義に関する課題を解決するため，全世界のソーシャルワーカーと連帯し，グローバル社会に働きかける。

Ⅳ　専門職としての倫理責任

1．（専門性の向上）社会福祉士は，最良の実践を行うために，必要な資格を所持し，専門性の向上に努める。

2．（専門職の啓発）社会福祉士は，クライエント・他の専門職・市民に専門職としての実践を適切な手段をもって伝え，社会的信用を高めるよう努める。

3．（信用失墜行為の禁止）社会福祉士は，自分の権限の乱用や品位を傷つける行いなど，専門職全体の信用失墜となるような行為をしてはならない。

4．（社会的信用の保持）社会福祉士は，他の社会福祉士が専門職業の社会的信用を損なうような場合，本人にその事実を知らせ，必要な対応を促す。

5．（専門職の擁護）社会福祉士は，不当な批判を受けることがあれば，専門職として連帯し，その立場を擁護する。

6．（教育・訓練・管理における責務）社会福祉士は，教育・訓練・管理を行う場合，それらを受ける人の人権を尊重し，専門性の向上に寄与する。

7．（調査・研究）社会福祉士は，すべての調査・研究過程で，クライエントを含む研究対象の権利を尊重し，研究対象との関係に十分に注意を払い，倫理性を確保する。

8．（自己管理）社会福祉士は，何らかの個人的・社会的な困難に直面し，それが専門的判断や業務遂行に影響する場合，クライエントや他の人々を守るために必要な対応を行い，自己管理に努める。

日本介護福祉士会倫理綱領

公益社団法人 日本介護福祉士会　1995年11月17日宣言

前文

　私たち介護福祉士は，介護福祉ニーズを有するすべての人々が，住み慣れた地域において安心して老いることができ，そして暮らし続けていくことのできる社会の実現を願っています。

　そのため，私たち日本介護福祉士会は，一人ひとりの心豊かな暮らしを支える介護福祉の専門職として，ここに倫理綱領を定め，自らの専門的知識・技術及び倫理的自覚をもって最善の介護福祉サービスの提供に努めます。

1．利用者本位，自立支援

　介護福祉士はすべての人々の基本的人権を擁護し，一人ひとりの住民が心豊かな暮らしと老後が送れるよう利用者本位の立場から自己決定を最大限尊重し，自立に向けた介護福祉サービスを提供していきます。

2．専門的サービスの提供

　介護福祉士は，常に専門的知識・技術の研鑽に励むとともに，豊かな感性と的確な判断力を培い，深い洞察力をもって専門的サービスの提供に努めます。

　また，介護福祉士は，介護福祉サービスの質的向上に努め，自己の実施した介護福祉サービスについては，常に専門職としての責任を負います。

3．プライバシーの保護

　介護福祉士は，プライバシーを保護するため，職務上知り得た個人の情報を守ります。

4．総合的サービスの提供と積極的な連携，協力

　介護福祉士は，利用者に最適なサービスを総合的に提供していくため，福祉，医療，保健その他関連する業務に従事する者と積極的な連携を図り，協力して行動します。

5．利用者ニーズの代弁

　介護福祉士は，暮らしを支える視点から利用者の真のニーズを受けとめ，それを代弁していくことも重要な役割であると確認したうえで，考え，行動します。

6．地域福祉の推進

　介護福祉士は，地域において生じる介護問題を解決していくために，専門職として常に積極的な態度で住民と接し，介護問題に対する深い理解が得られるよう努めるとともに，その介護力の強化に協力していきます。

7．後継者の育成

　介護福祉士は，すべての人々が将来にわたり安心して質の高い介護を受ける権利を享受できるよう，介護福祉士に関する教育水準の向上と後継者の育成に力を注ぎます。

精神保健福祉士の倫理綱領

公益社団法人 日本精神保健福祉士会　2013年4月21日採択／2018年6月17日改訂

前文

　われわれ精神保健福祉士は，個人としての尊厳を尊び，人と環境の関係を捉える視点を持ち，共生社会の実現をめざし，社会福祉学を基盤とする精神保健福祉士の価値・理論・実践をもって精神保健福祉の向上に努めるとともに，クライエントの社会的復権・権利擁護と福祉のための専門的・社会的活動を行う専門職としての資質の向上に努め，誠実に倫理綱領に基づく責務を担う。

目的

　この倫理綱領は，精神保健福祉士の倫理の原則および基準を示すことにより，以下の点を実現することを目的とする。

1．精神保健福祉士の専門職としての価値を示す
2．専門職としての価値に基づき実践する
3．クライエントおよび社会から信頼を得る
4．精神保健福祉士としての価値，倫理原則，倫理基準を遵守する
5．他の専門職や全てのソーシャルワーカーと連携する
6．すべての人が個人として尊重され，共に生きる社会の実現をめざす

倫理原則

1．クライエントに対する責務
　(1)クライエントへの関わり
　　精神保健福祉士は，クライエントの基本的人権を尊重し，個人としての尊厳，法の下の平等，健康で文化的な生活を営む権利を擁護する。
　(2)自己決定の尊重
　　精神保健福祉士は，クライエントの自己決定を尊重し，その自己実現に向けて援助する。

(3)プライバシーと秘密保持

　　精神保健福祉士は，クライエントのプライバシーを尊重し，その秘密を保持する。

(4)クライエントの批判に対する責務

　　精神保健福祉士は，クライエントの批判・評価を謙虚に受けとめ，改善する。

(5)一般的責務

　　精神保健福祉士は，不当な金品の授受に関与してはならない。また，クライエントの人格を傷つける行為をしてはならない。

2．専門職としての責務

(1)専門性の向上

　　精神保健福祉士は，専門職としての価値に基づき，理論と実践の向上に努める。

(2)専門職自律の責務

　　精神保健福祉士は同僚の業務を尊重するとともに，相互批判を通じて専門職としての自律性を高める。

(3)地位利用の禁止

　　精神保健福祉士は，職務の遂行にあたり，クライエントの利益を最優先し，自己の利益のためにその地位を利用してはならない。

(4)批判に関する責務

　　精神保健福祉士は，自己の業務に対する批判・評価を謙虚に受けとめ，専門性の向上に努める。

(5)連携の責務

　　精神保健福祉士は，他職種・他機関の専門性と価値を尊重し，連携・協働する。

3．機関に対する責務

　　精神保健福祉士は，所属機関がクライエントの社会的復権を目指した理念・目的に添って業務が遂行できるように努める。

4．社会に対する責務

　　精神保健福祉士は，人々の多様な価値を尊重し，福祉と平和のために，社会的・政治的・文化的活動を通し社会に貢献する。

倫理基準

1．クライエントに対する責務

(1)クライエントへの関わり

精神保健福祉士は，クライエントをかけがえのない一人の人として尊重し，専門的援助関係を結び，クライエントとともに問題の解決を図る。

(2)自己決定の尊重

a　クライエントの知る権利を尊重し，クライエントが必要とする支援，信頼のおける情報を適切な方法で説明し，クライエントが決定できるよう援助する。

b　業務遂行に関して，サービスを利用する権利および利益，不利益について説明し，疑問に十分応えた後，援助を行う。援助の開始にあたっては，所属する機関や精神保健福祉士の業務について契約関係を明確にする。

c　クライエントが決定することが困難な場合，クライエントの利益を守るため最大限の努力をする。

(3)プライバシーと秘密保持

精神保健福祉士は，クライエントのプライバシーの権利を擁護し，業務上知り得た個人情報について秘密を保持する。なお，業務を辞めたあとでも，秘密を保持する義務は継続する。

a　第三者から情報の開示の要求がある場合，クライエントの同意を得た上で開示する。クライエントに不利益を及ぼす可能性がある時には，クライエントの秘密保持を優先する。

b　秘密を保持することにより，クライエントまたは第三者の生命，財産に緊急の被害が予測される場合は，クライエントとの協議を含め慎重に対処する。

c　複数の機関による支援やケースカンファレンス等を行う場合には，本人の了承を得て行い，個人情報の提供は必要最小限にとどめる。また，その秘密保持に関しては，細心の注意を払う。クライエントに関係する人々の個人情報に関しても同様の配慮を行う。

d　クライエントを他機関に紹介する時には，個人情報や記録の提供についてクライエントとの協議を経て決める。

e　研究等の目的で事例検討を行うときには，本人の了承を得るとともに，個人を特定できないように留意する。

f　クライエントから要求がある時は，クライエントの個人情報を開示する。た

だし，記録の中にある第三者の秘密を保護しなければならない。

　g　電子機器等によりクライエントの情報を伝達する場合，その情報の秘密性を保証できるよう最善の方策を用い，慎重に行う。

(4)クライエントの批判に対する責務

　精神保健福祉士は，自己の業務におけるクライエントからの批判・評価を受けとめ，改善に努める。

(5)一般的責務

　a　精神保健福祉士は，職業的立場を認識し，いかなる事情の下でも精神的・身体的・性的いやがらせ等人格を傷つける行為をしてはならない。

　b　精神保健福祉士は，機関が定めた契約による報酬や公的基準で定められた以外の金品の要求・授受をしてはならない。

2．専門職としての責務

(1)専門性の向上

　a　精神保健福祉士は専門職としての価値・理論に基づく実践の向上に努め，継続的に研修や教育に参加しなければならない。

　b　スーパービジョンと教育指導に関する責務

　1）精神保健福祉士はスーパービジョンを行う場合，自己の限界を認識し，専門職として利用できる最新の情報と知識に基づいた指導を行う。

　2）精神保健福祉士は，専門職として利用できる最新の情報と知識に基づき学生等の教育や実習指導を積極的に行う。

　3）精神保健福祉士は，スーパービジョンや学生等の教育・実習指導を行う場合，公正で適切な指導を行い，スーパーバイジーや学生等に対して差別・酷使・精神的・身体的・性的いやがらせ等人格を傷つける行為をしてはならない。

(2)専門職自律の責務

　a　精神保健福祉士は，適切な調査研究，論議，責任ある相互批判，専門職組織活動への参加を通じて，専門職としての自律性を高める。

　b　精神保健福祉士は，個人的問題のためにクライエントの援助や業務の遂行に支障をきたす場合には，同僚等に速やかに相談する。また，業務の遂行に支障をきたさないよう，自らの心身の健康に留意する。

⑶地位利用の禁止

　精神保健福祉士は業務の遂行にあたりクライエントの利益を最優先し，自己の個人的・宗教的・政治的利益のために自己の地位を利用してはならない。また，専門職の立場を利用し，不正，搾取，ごまかしに参画してはならない。

⑷批判に関する責務

　　a　精神保健福祉士は，同僚の業務を尊重する。

　　b　精神保健福祉士は，自己の業務に関する批判・評価を謙虚に受けとめ，改善に努める。

　　c　精神保健福祉士は，他の精神保健福祉士の非倫理的行動を防止し，改善するよう適切な方法をとる。

⑸連携の責務

　　a　精神保健福祉士は，クライエントや地域社会の持つ力を尊重し，協働する。

　　b　精神保健福祉士は，クライエントや地域社会の福祉向上のため，他の専門職や他機関等と協働する。

　　c　精神保健福祉士は，所属する機関のソーシャルワーカーの業務について，点検・評価し同僚と協働し改善に努める。

　　d　精神保健福祉士は，職業的関係や立場を認識し，いかなる事情の下でも同僚または関係者への精神的・身体的・性的いやがらせ等人格を傷つける行為をしてはならない。

３．機関に対する責務

　精神保健福祉士は，所属機関等が，クライエントの人権を尊重し，業務の改善や向上が必要な際には，機関に対して適切・妥当な方法・手段によって，提言できるように努め，改善を図る。

４．社会に対する責務

　精神保健福祉士は，専門職としての価値・理論・実践をもって，地域および社会の活動に参画し，社会の変革と精神保健福祉の向上に貢献する。

おわりに

　「保育所保育指針解説」（平成30年2月：厚生労働省）および「幼稚園教育要領」
（平成30年2月：厚生労働省）ならびに「幼保連携型認定こども園教育・保育要
領」（平成30年3月：内閣府）では，「外国籍家庭や外国にルーツをもつ家庭，ひ
とり親家庭，貧困家庭等，特別な配慮を必要とする家庭では，社会的困難を抱
えている場合も多いため，日本語によるコミュニケーションがとりにくいこと，
文化や習慣が異なること，家庭での育児を他に頼ることができないこと，生活
が困窮していることなど，その問題も複雑化，多様化している。また，障がい
や発達の遅れ，多胎児，低出生体重児，慢性疾患のある子どもの場合，保護者
は子育てに困難や不安，負担感を抱きやすい状況にあり，子どもの生育歴や各
家庭の状況に応じた支援が必要となる」ことが指摘され，こうした様々な問題
に不安を感じている保護者に対して「保育者は不安感に気付き丁寧な関わりの
中で，家庭の状況や問題を把握し，保護者の意向や思いを理解した上で，必要
に応じて市町村等の関係機関やかかりつけ医と連携するなど，社会資源を生か
しながら個別の支援を行う必要がある」ことも明示されています。
　このような状況のなかで，保育者を目指す学生は多様な知識と技術はもちろ
ん，保育や支援の基準となる倫理や価値基準をしっかりと修得することが求め
られています。
　各養成校に多様な学生が入学する昨今，多種のアクティブラーニングが可能
で要点を押さえたコンパクトな書籍を作成することが求められました。そのた
め，刊行にあたり，多岐にわたる経験と総合的な知見を基に，編者で複眼的な
議論を重ね，本書企画を練り上げました。さらには，社会福祉，子ども家庭福
祉や子育て支援，障害児支援，社会的養護など，子どもを取り巻く諸問題に造
詣が深い研究者や職務経験が豊富な保育現場の先生方に執筆を担っていただき

ました。原稿を何度も読み返し，より質の高い内容を目指したため，執筆者の
先生方にも無理な修正や工夫をお願いすることもありましたが，常に快く応え
ていただき心より感謝しております。

　最後になりますが，企画や編集に当たり，ミネルヴァ書房・営業部長の神谷
透氏，編集部の亀山みのり氏から様々なアドバイスやご指導ご鞭撻を賜り，刊
行ができましたことに深謝申し上げます。

　　2024年4月

　　　　　　　　　　　　　　　　　　　　　　　　　　　　編者一同

さくいん

あ 行

アセスメント　88
アドボカシー　91
アンコンシャス・バイアス（無意識の偏見）　90
育児休業　101
一時預かり事業　134
意図的な感情表出の原則　58
親育ち　20, 46

か 行

家庭訪問　87
環境構成　27
間接的支援コミュニケーション　120
虐待通告　149
共育の場　118
共通認識　31
切れ目のない支援　157
ケアワーク　85
行動見本　51
子育ち　20
子育て援助活動支援事業　77
子育てを自ら実践する力　46
子ども家庭支援　2
こども家庭庁　86, 106
子ども・子育て支援（新）制度　86, 96, 107,
　134
こども誰でも通園制度　108
子どもの権利条約→児童の権利に関する条約
子どもの最善の利益　36, 90, 122
個別化の原則　57

さ 行

自己決定の原則　59
次世代育成支援対策推進法　99
児童虐待　146
児童虐待の防止等に関する法律　146
児童の権利に関する条約（子どもの権利条約）
　8, 26, 107
児童福祉法　7
社会化　2
社会資源　84
主体性　46
受容の原則　57
小1プロブレム　165
障害　66
助言　51
自立　51
新子育て安心プラン　111
信頼関係　27
隙間のない支援　159
スクールカウンセラー　165
スクールソーシャルワーカー　165
ストレングス　39, 137
ストレングスアプローチ　40
生活の流れ　18
性別役割分業　102
生理的早産　19
ソーシャルワーク　85
育ち合う輪　21

た 行

待機児童　99
代弁　91
多文化共生保育　162
多民族保育　161
多様性理解　15
地域子育て支援拠点事業　134
地域子育て支援センター　134
地域子ども・子育て支援事業　97, 134
直接的支援コミュニケーション　120
統制された情緒的関与の原則　58
特定妊婦　144

は 行

バイステックの7原則　58
発達障害　66
非審判的態度の原則　58
ひとり親家庭　69
秘密保持の原則　59
貧困　71
ファミリー・サポート・センター　77
保育士自身の育ち　21
保育士等（保育者）の専門性　20, 119

保育所　118
保育所等訪問支援　80
保育所の特性　20
保育所保育指針　7
保育所保育指針解説　118, 119
保育ソーシャルワーカー　165
保育の活動に対する保護者の積極的な参加
　49
保護者との協働　17
母子家庭　69

ま 行

民族保育　161

や 行

要支援児童　144
要保護児童　144
要保護児童対策地域協議会　146

ら 行

リフレーミング　42
レジリエンス　88
連携方法　31
連続性（つながり）　21

《執筆者紹介》執筆順，＊は編者

＊馬場幸子（ばんば・さちこ）第1章
　　編著者紹介参照。

＊田邉哲雄（たなべ・てつお）第2章
　　編著者紹介参照。

＊灰谷和代（はいたに・かずよ）第3章
　　編著者紹介参照。

　浅野浩子（あさの・ひろこ）第4章
　　現　在　大阪大谷大学人間社会学部准教授。
　　主　著　『特別支援教育と障害児の保育・福祉——切れ目や隙間のない支援と配慮』
　　　　　　（共著）ミネルヴァ書房，2023年。

＊渡辺俊太郎（わたなべ・しゅんたろう）第5章
　　編著者紹介参照。

　小川晶（おがわ・あき）第6章
　　現　在　植草学園大学発達教育学部教授。
　　主　著　『保育所における母親への支援——子育て支援をになう視点・分析方法』（単
　　　　　　著）学文社，2014年。
　　　　　　『保育・幼児教育・子ども家庭福祉辞典』（共著）ミネルヴァ書房，2021年。

　奥井菜穂子（おくい・なほこ）第7章
　　現　在　大阪樟蔭女子大学児童教育学部准教授。
　　主　著　『発達と学習』（共著）協同出版，2017年。
　　　　　　『乳幼児保育における遊びの環境と援助——主体的な学びを導くために』（共
　　　　　　著）ナカニシヤ出版，2023年。

　秦佳江（はた・かえ）第8章
　　現　在　久留米大学人間健康学部講師。
　　主　著　『ソーシャルワーク演習のための88事例——実践につなぐ理論と技法を学ぶ』
　　　　　　（共著）中央法規出版，2013年。
　　　　　　『社会福祉』（共著）ミネルヴァ書房，2024年。

＊丸目満弓（まるめ・まゆみ）第9章
　　編著者紹介参照。

　佐伯知子（さえき・ともこ）第10章
　　現　　在　常葉大学教育学部准教授。
　　主　　著　『高齢社会と社会教育』（共著）東洋館出版社，2022年。

　田邉実香（たなべ・みか）第11章
　　現　　在　関西女子短期大学講師。

　寺澤達也（てらさわ・たつや）第12章
　　現　　在　社会福祉法人浜松児童福祉園リーザプレスクール施設長。

　小西眞弓（こにし・まゆみ）第13章
　　現　　在　大阪総合保育大学非常勤講師。
　　主　　著　『保育者論』（共著）ミネルヴァ書房，2019年。

　宮里慶子（みやざと・けいこ）第14章
　　現　　在　千里金蘭大学教育学部准教授。
　　主　　著　『家族援助論』（共著）ミネルヴァ書房，2008年。
　　　　　　　『子ども虐待予防教育というアプローチ——現場で始める100分からの挑戦』
　　　　　　　（編著）認定NPO法人児童虐待防止協会，2022年。

＊立花直樹（たちばな・なおき）第15章
　　編著者紹介参照。

《事例協力者・協力園》

阿部明恵

石岡佑佳美

伊原幸代

櫻井清美

重田悦子

高橋智子

高橋伸夫

瀧本宏子

西野伸一

橋本園子

藤原剛

森本宮仁子

あひる保育園（兵庫県宝塚市）

大阪聖和保育園（大阪府大阪市生野区）

甲南こども園（兵庫県神戸市東灘区）

心の森（兵庫県神戸市垂水区）

大国保育園（大阪府大阪市浪速区）

ミード保育園（大阪府大阪市淀川区）

みかり会（兵庫県南あわじ市）

もとたて保育園（山形県酒田市）

リーザプレスクール（静岡県磐田市）

《編著者紹介》

立花直樹（たちばな・なおき）
　現　在　関西学院短期大学准教授。
　主　著　『保育・幼児教育・子ども家庭福祉辞典』（共編著）ミネルヴァ書房，2021年。
　　　　　『児童・家庭福祉——子どもと家庭の最善の利益』（共編著）ミネルヴァ書房，
　　　　　2022年。

丸目満弓（まるめ・まゆみ）
　現　在　大阪総合保育大学児童保育学部准教授。
　主　著　『子どもと保護者に寄り添う「子育て支援」』（共編著）晃洋書房，2022年。
　　　　　『身近に考える人権——人権とわたしたち』（共著）ミネルヴァ書房，2022年。

田邉哲雄（たなべ・てつお）
　現　在　兵庫大学教育学部教授。
　主　著　『子ども家庭福祉論（第4版）』（共編著）晃洋書房，2022年。
　　　　　『社会福祉』（共編著）ミネルヴァ書房，2024年。

馬場幸子（ばんば・さちこ）
　現　在　関西学院大学人間福祉学部教授。
　主　著　『学校現場で役立つ「問題解決型ケース会議」活用ハンドブック——チーム
　　　　　で子どもの問題に取り組むために』（編著）明石書店，2013年。
　　　　　『教師のためのスクールソーシャルワーカー入門——連携・協働のために』
　　　　　（共編著）大修館書店，2019年。

渡辺俊太郎（わたなべ・しゅんたろう）
　現　在　大阪総合保育大学児童保育学部教授。
　主　著　『乳幼児の発達臨床心理学——理論と現場をつなぐ』（共著）北大路書房，
　　　　　2016年。
　　　　　『教育心理学をきわめる10のチカラ（改訂版）』（共著）福村出版，2019年。

灰谷和代（はいたに・かずよ）
　現　在　静岡福祉大学子ども学部准教授。
　主　著　『子ども家庭支援論』（共著）アイ・ケイコーポレーション，2023年。
　　　　　『社会福祉』（共編著）ミネルヴァ書房，2024年。

プラクティス／保育・福祉のはじまり
子ども家庭支援論

2024年5月10日　初版第1刷発行　　　　　　　〈検印省略〉

定価はカバーに
表示しています

編著者　　立花直樹
　　　　　丸目満弓
　　　　　田邊哲雄
　　　　　馬場幸子
　　　　　渡辺俊太郎
　　　　　灰谷和代

発行者　　杉田啓三

印刷者　　中村勝弘

発行所　株式会社　ミネルヴァ書房
607-8494　京都市山科区日ノ岡堤谷町1
電話代表　075-581-5191
振替口座　01020-0-8076

© 立花ほか, 2024　　　　　　中村印刷・吉田三誠堂製本

ISBN978-4-623-09744-9

Printed in Japan

プラクティス／保育・福祉のはじまり

順次刊行／Ａ５判　並製

社会福祉

立花直樹・田邉哲雄・馬場幸子・灰谷和代・西川友理・矢ヶ部陽一 編著
204頁　本体2200円

子ども家庭支援論

立花直樹・丸目満弓・田邉哲雄・馬場幸子・渡辺俊太郎・灰谷和代 編著
200頁　本体2200円

子ども家庭福祉

立花直樹・丸目満弓・灰谷和代・松木宏史・葛谷潔昭・秦佳江 編著

社会的養護Ⅰ

社会的養護Ⅱ

子育て支援

──── ミネルヴァ書房 ────

https://www.minervashobo.co.jp/